中国科学家爸爸思维训练丛书

给孩子的趣味考古课

周立刚 著

中国妇女出版社

版权所有·侵权必究

图书在版编目（CIP）数据

给孩子的趣味考古课 / 周立刚著. -- 北京 ： 中国妇女出版社，2025．2． -- （中国科学家爸爸思维训练丛书）． -- ISBN 978-7-5127-2450-1

Ⅰ．K85-49

中国国家版本馆CIP数据核字第20245V4B55号

责任编辑：赵　曼
封面设计：尚世视觉
责任印制：李志国

出版发行	中国妇女出版社
地　　址	北京市东城区史家胡同甲24号　　邮政编码：100010
电　　话	（010）65133160（发行部）　　65133161（邮购）
网　　址	www.womenbooks.cn
邮　　箱	zgfncbs@womenbooks.cn
法律顾问	北京市道可特律师事务所
经　　销	各地新华书店
印　　刷	北京中科印刷有限公司
开　　本	165mm×235mm　1/16
印　　张	12.5
字　　数	200千字
版　　次	2025年2月第1版　2025年2月第1次印刷
定　　价	69.80元

如有印装错误，请与发行部联系

序

当你在课本上看到山顶洞人、良渚遗址、殷墟、秦始皇陵兵马俑、马王堆这些名字时,当你徜徉在博物馆欣赏一件件精美文物并惊叹古人高超的技术和杰出的艺术创造力时,当你骄傲地说起我们中华文明有五千年之久的历史时,你是否意识到,它们的背后都有一项看起来十分神秘的工作——考古。

曾经,考古这个行业十分小众,全国仅有十几所大学设置了考古专业,全国从事这个行业的只有几千人,每一个考古人员在亲友同学的眼中都是神秘的存在。

习近平总书记指出:"考古工作是展示和构建中华民族历史、中华文明瑰宝的重要工作。"随着国家对考古工作重视程度的提高,这个一度小众的行业开始成为社会关注的焦点之一。全民讨论曹操墓的考古发现,数百万人参观海昏侯墓出土文物展览,数千万人围观三星堆考古现场直播……祖先留下的灿烂文化遗产,以及这些宝贵遗产书写的五千年中华文明史,已经通过考古工作展现在我们眼前，并融入我们的血脉，成为我们的精神力量。

　　这本书不是为了向大家介绍上面提到的这些重要考古发现——它们每一个都值得大书特书，一本书是写不完的。这里想给大家揭开考古这项工作的神秘面纱，让大家了解究竟什么是考古，我们为什么要做考古，而每一件文物又是怎样被发现、披露，最后走进博物馆与大家见面的。

　　相信通过这本书的内容，你会发现考古这项工作并不是那么神秘，也没有那么简单。它绝对值得你去关注。

目录

第一章　考古改变我们对历史的认知

003　中国文化从哪里来

006　夏朝到底存不存在

009　三星堆神秘吗

018　曹操究竟葬在哪里

022　古代人的"朋友圈"到底有多大

025　古代有没有高科技

029　小米香还是小麦香

第二章　什么是考古

035　什么是考古

037　什么不是考古

041　为什么要研究古代

044　考古的历史

第三章　考古的那些趣事

049　考古学家的"职业病"

054　世界著名考古造假案件

056　考古发现作业的起源

058　外国人怎么做考古勘探

062　"飞上天"的编钟

065　考古现场最害怕的事

067　厕所也是考古学家的宝藏

第四章　考古学家是怎样工作的

- 073　初步侦察——调查文物
- 076　精确定位——勘探
- 080　揭露历史真相——发掘
- 092　给文物"看病"——修复保护
- 095　挖掘文物背后的信息——研究
- 098　文物重见天日——展示
- 101　考古工具大揭秘
- 107　帝王陵墓不主动发掘
- 109　考古遗址和文化的命名

第五章　考古现场守则

- 113　持证发掘
- 116　发现文物先不要动
- 118　提取文物先不要擦洗

120　不能私藏文物

122　不能泄露文物埋藏信息

第六章　考古，不只是挖呀挖

127　考古调查上天下水

131　考古勘探也可以不用洛阳铲

135　科技手段让土壤和骨骼"说话"

143　探索文物内部隐藏的秘密

146　科技加持下的现代考古

第七章　文物留在地下不好吗

151　基建考古——不发掘真不行

155　主动性考古——谨慎选择、有限发掘

157　抢救性考古——最无奈的选择

第八章　考古学家是如何炼成的

　　163　　考古队的组成

　　170　　持证考古队员的成长之路

　　173　　考古技术人员的培养

　　176　　何谓十大考古发现

第九章　考古学家的田野和远方

　　181　　考古学家的两种田野

　　184　　考古学家的远方

尾　　声

　　187　　中国考古学家走向世界

第 一 章

考古改变我们对历史的认知

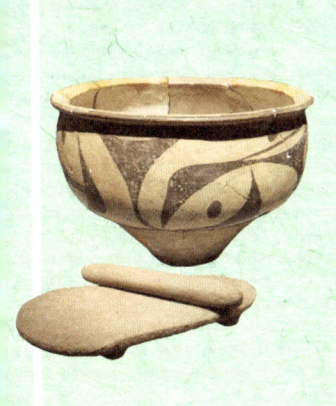

从商代晚期的甲骨文开始，我们的祖先就用文字记录自己的生活。三千多年来，无数祖先留下了浩如烟海的各类文字记录，为我们研究历史、探知过去提供了丰富的信息。但需要注意的是，甲骨文出现之前，祖先已经在我们脚下这片土地上生活了近百万年，并没有留下可以释读的文字记录。文字出现之后，各种文字记录或有遗漏，或有夸张，不同身份角色的书写者们并没有记录下历史的全貌。

考古学家用手铲披露了文字出现之前的历史，并且用一个个考古发现补上历史文献的遗漏，纠正了历史文献的错误，用考古证据证实了我国百万年的人类史、一万多年的文化史、五千多年的文明史。可以说，考古学家们用手铲下的发现，改变了我们对历史的认知，书写了一部别样的中华文明发展史。

中国文化从哪里来

中国现代考古学诞生的标志是瑞典学者安特生于 1921 年在河南渑池县仰韶村的发掘。这次发掘出土了大量精美彩陶，证实了中国存在发达的史前文化。但是安特生认为仰韶彩陶与西亚、中亚发现的彩陶具有相似性，因此仰韶彩陶文化可能是从西亚传播来的。

仰韶彩陶盆

为了证实自己的推测，安特生从河南出发向西探寻彩陶的传播之路。他在陕西、甘肃、青海等地开展考古调查与发掘，发现更多的史前彩陶文化遗址，因此更加相信自己提出的"仰韶文化西来说"。这种观点逐渐发展成"中国文化西来说"，引起高度关注，尤其是在中国学者中引起了轩然大波。当时的中国处于风雨飘摇的动荡时期，这种观点对本来就已经很脆弱的文化自信无疑是沉重的打击。中国考古学者因此也开展了探寻中国文化起源的道路。

中国考古学家梁思永

1926年冬，后来被公认为"中国考古学之父"的李济带队在山西夏县西阴村开展考古发掘，这是中国学者主导的第一次考古发掘。1931年，年轻的考古学家梁思永在安阳后冈开展发掘，这次发掘与以前的发掘最重要的区别是，根据土质土色划分文化层，以文化层为单位开展发掘并统计遗物。这次的发掘成果非常重要，发现遗址的下层是以红陶和彩陶为代表的仰韶文化遗存，中层是以黑陶为代表的龙山文化遗存，上层是以灰陶和绳纹陶为代表的商代晚期文化遗存，证明了从史前到历史时期，中国历史是一脉相承的。这就是著名的"后冈三叠层"。

在此之前中国的考古发掘都是参照地质学方法，按照固定深度水平向下发掘，不区分土质土色。梁思永因此也被称为中国考古地层学的奠基人。

1943年，留学归来的考古学家夏鼐开始负责甘肃境内的考古工作，几乎对安特生此前考察过的每一处遗址全部进行了再次考察，结果证实了甘肃发现的彩陶文化遗存（齐家文化）在年代上要晚于中原的仰韶文化，因此就不存在彩陶文化自西向东传播的可能性，反倒是从东向西传播。

> **知识拓展**
>
> 按照地层堆积形成的原理，最早的遗存在最下面，最晚的遗存在最上面。

彩陶从东向西传播，并且与后续的龙山文化、商文化一脉相承传播下来，证实了中国文化起源于本土，并且绵延不断地传承到历史时期，由考古提出的"中国文化西来说"最终也由考古推翻。这是考古学在中国解决的一个关键问题，极大增强了民族文化自信。

夏朝到底存不存在

"夏商与西周，东周分两段……"在背诵中国历史朝代表的时候，开头第一个就是夏朝。虽然夏朝写进了我们的历史教材，一直被当作中国王朝历史的开端，但夏朝的存在是一个被争议近百年的问题。20世纪初的多位著名历史学家都曾经怀疑过夏朝的存在，一个很关键的原因是没有发现和夏直接相关的文字材料。

自1921年中国现代考古学诞生以来，考古学家也开始了对夏的探索，至今已有100多年时间。20世纪20年代至40年代，部分历史学家开始把仰韶文化或龙山文化等考古学文化与夏文化建立联系，认为仰韶文化或龙山文化就是夏文化。

20世纪50年代以来，考古学者开始有目的、有计划地通过大规模田野考古调查与发掘来探索夏文化，将夏文化的研究范围集中到河南中西部与山西西南部的龙山文化晚期和二里头文化有关遗存上。其中，1959年著名考古学家徐旭生开展的豫西"夏墟"调查，明确以探索夏文化为目标，是真正意义上夏文化考古的开端。偃师二里头遗址，就是徐旭生先生此次"夏墟"调查的重要发现之一。他根据当地村民挖鱼塘发现的大量陶片判断，这里可能有一处古代都邑的遗址。

随后几代考古学家在二里头遗址开展了几十年考古工作，先后发现了大型宫殿建筑群、青铜器作坊、绿松石器作坊等。❶ 在遗址中心区发现了"井"字形道路网络，不仅连接交通，也将宫城划分出不同的功能区，体现出严谨有序的规划布局，显示当时社会结构分明、等级明显，统治格局井然有序，暗示当时有成熟发达的统治制度和模式，是进入王朝国家的最重要标志。

考古学家们认为，二里头遗址早于文献记载的商朝，是一处史

---

❶ 位于洛阳的二里头夏都遗址博物馆已经建成开放，集中展示了几十年来在这个遗址的考古发现。

绿松石龙形器

> **知识拓展**
>
> 很长一段时间，西方学者也怀疑中国历史上商王朝的存在，所以他们撰写的中国历史中没有商朝。随着甲骨文的发现和研究，商朝的存在成为信史并得到广泛认可。

无前例的王朝都城遗址，展现出"王朝气象"，是"最早的中国"。经过年代、地域、社会发展阶段、文化特征等多方论证，学者们认为二里头遗址就是夏朝中晚期的都城，夏朝是真实存在的。

当然，关于夏朝和夏文化的考古学探索并没有结束。考古学家们仍然在开展大量的调查、发掘和研究工作，为揭开夏朝的历史面貌寻找更多材料。

三星堆神秘吗

最近几年,三星堆考古发现一直是各类媒体关注的焦点。那些有着突出眼球的巨大青铜面具、比姚明还高的青铜大立人(通高 2.62 米,人像高 1.8 米)、比一层楼还高的青铜神树(通高 3.96 米)、金光闪闪的黄金面具等文物或者相关形象,想必大家都不陌生。这些青铜器的特征跟我们在博物馆常见的那些精美、端庄的中原青铜器完全不同,不仅造型奔放,风格更是十分神秘。关于它们的文化背景和来源,也是众说纷纭,有人说可能与远在美洲的玛雅文明有关,甚至有人说可能与外星文明有关,一时也吸引了不少关注。那么,三星堆这些风格独特的文物到底来自哪里,最终又去了哪里?

三星堆并不是新发现

首先需要告诉大家的是,近年成为"网红"的三星堆遗址,早在 90 多年前就被发现了,并且先后经过了 30 多次考古发掘,那些造型奔放的青铜器有很多也已经在全国乃至国外巡展过。这几年引起大家关注的是最新一次的发掘,其中涉及了 6 个祭祀坑的发掘。

三星堆青铜人像

　　三星堆遗址的发现，有个离奇的故事。1927年春，四川广汉镇月亮湾当地农民燕氏父子在燕家院子门前掏沟时挖出了一些东西。他们知道那些是古代玉器，是宝贝，于是两人就开始偷偷地"挖宝"。据说，此后父子两人大病一场，他们认为可能是偷挖宝物惹怒了上天，受到了惩罚，于是停止了挖宝行为。尽管这个离奇遭遇使得遗址免遭进一步破坏，但月亮湾附近出土宝物的消息不胫而走。

　　1931年春，在广汉传教的一名英国传教士知道了这件事，向当地政府和研究机构提出建议，对挖出来的玉器开展研究，并对遗址进行科学考察。1934年，由当时华西协合大学（现在的四川大学华西医学中心）博物馆馆长葛维汉率领的科考队经过政府批准对出土玉器的地方进行了科学发掘，这也是三星堆遗址的首次发掘。不过由于当时社会治安很差，经常有土匪出没，为了保护文物安全，这次发掘只进行了十天就结束了。

比较幸运的是，尽管社会动荡，当时发掘的出土文物并没有被运到国外，而是保留在华西协合大学博物馆。此后几十年这个地方也没有被不法分子注意到，文物得以安全保存到新中国成立之后，使考古学家可以继续在此地开展工作，并取得了许多重要发现。

三星堆遗址虽然在发现之初曾经遭受一些盗掘，但是因为地处偏远，后来受到的影响极小，相对于很多在历史上被屡次盗掘破坏的遗址，它无疑是幸运的。

三星堆，不止三个堆

月亮湾旁边有一条河，叫马牧河，河的对面有三个起伏相连的黄土堆，当地人叫"三星堆"，这就是遗址名字的来历。最早发现玉器的月亮湾实际上就在三星堆附近，不过当时没有三星堆遗址这个名称。

新中国成立之后，考古工作者在当地陆续发现了更多有文物埋藏的遗址点。第四章介绍了考古遗址命名的惯例，即用所在地的小地名来命名，于是北部的月亮湾地点（即最初发现玉器的地方）被命名为月亮湾遗址，隔河相望的三星堆地点则叫作三星堆遗址。除此之外，附近还有真武宫、西泉坎、狮子堰、横梁子、仁胜村、大堰村等遗址点，共计达30多个，这些遗址点出土的文物都属于同一种古代文化。因为三星堆和月亮湾这两个遗址点最为重要，于是从1980年开始，考古学家把这种古代文化命名为三星堆文化，这些遗址点被一起称作三星堆遗址群。

因此，最早开展发掘的地方虽然是月亮湾，但实际上是三星堆遗址群的一部分，出土文物也是三星堆文化的遗物。

三星堆与玛雅？时空错乱

三星堆考古发现的神秘色彩引起人们广泛关注，其中三星堆与美洲玛雅文明的联系一度被传得沸沸扬扬。其主要原因是，有人认为三星堆那些巨大面具表现的人像与玛雅文明的一些人像非常相似，三星堆的神树在玛雅也有相似之物等。于是有人说三星堆文明可能来自玛雅人，三星堆人和玛雅人有着共同的祖先等。这些说法听起来很有道理，但实际上是一种时空错乱的臆想。

玛雅文明是美洲的古代文明，从公元前1500年左右一直延续到公元16世纪（相当于中国古代的商朝一直到明朝），最后被欧洲殖民者灭亡。巨大的石雕像和金字塔式的建筑是玛雅文明的代表性文物，但是玛雅人并没有掌握青铜冶炼技术，因此在考古时没有发现任何铜器。

科技测年数据表明，三星堆文化的年代上限不早于公元前1600年，也就是距今约3700年，其下限则要到公元前1200年左右甚至更晚，这个年代相当于商代到西周。精美的青铜器则是三星堆特征文物之一（注意：青铜器并不是在三星堆文化刚出现就有的，是后来才有的）。

从地理位置上看，一个在遥远的美洲，一个在中国西南巴蜀盆地。虽然两者确实在时间上有那么一段重合，但这不能成为将它们硬拉在一起的理由。如果说玛雅人像与三星堆青铜面具存在相似之处的话，那就是它们艺术风格都很奔放。除此之外，无论是材质、工艺还是艺术形式，都有天壤之别，怎么能将二者联系起来呢？

尽管DNA分析证实最早的美洲居民确实是从东北亚地区通过白令海峡迁移过去的，但那是发生在一万多年前。此后，再没有考古证据能证实史前的亚洲大陆与遥远的美洲大陆有过任何形式的文化交流，也没有证据证实玛雅人掌握了远洋航行技术能够漂洋过海来到中国。因此，将这两种文化硬拉在一起是完全没有道理的，完全不尊重科学。

三星堆与外星文明？不存在的

有很多人也意识到了三星堆与玛雅不可能存在联系，于是又有了另一种说法——三星堆文化可能是外星人留下的。理由是，那些神秘的面具和人像显然不是地球人的模样，黄金面具在数千年之后仍然光亮如新，显然是用了某种地球上不存在的"黑科技"。这种说法就更加离奇了。

三星堆的面具和人像确实有其独特之处，但需要注意的是，这些显然不是写实作品，而是经过艺术化处理的，是三星堆先民对自己的精神和宗教信仰的一种表现形式。不能因为出现了这种形态的面孔，就认为三星堆先民长这个模样，或者当时有人长这样。对人或动物形象进行各种艺术化夸张处理，这在古代遗物中是很常见的，比如中国古代常见的龙，战国时期楚国墓葬中有造型夸张的青铜怪兽，唐代墓葬中有造型怪异的镇墓兽等，我们也不能认为当时就存在过这样的怪兽。

至于黄金面具的"黑科技",那就更不存在了。首先,黄金是自然界中化学性质最稳定的金属之一,具有很强的抗腐蚀性。即使在地下埋藏数千年,仍然能够保存最初的光泽。不只是三星堆,其他考古遗址发现的数千年前的黄金制品一样是金光闪闪。毫无疑问,即使再埋藏数千年,它们还是会有这样的光泽。其次,黄金具有极好的延展性,一克黄金可以拉出数百米长的丝线,还能被压成0.2毫米厚度的金箔。三星堆黄金面具实际上就是由很薄的金箔制成,这并不是"黑科技",而是古代常见的一种工艺,与黄金本身的特性有关。

还有人说,三星堆高超的冶金技术与中原其他地区不同;蜀地无炭,无法达到一千多摄氏度的熔点温度,因此不可能在本地冶炼青铜,必然是天外飞来的文明;等等。这就更离谱了,因为考古学家对三星堆的铜像和铜面具材质进行了科学分析,证实它们就是商代常见的铜锡合金,也就是我们常说的青铜。

三星堆是中华文明的一个分支

那么,地处偏远的三星堆先民,是从哪里学来的青铜冶炼和铸造技术呢?考古学家的研究表明,三星堆文化在距今3300年左右才开始进入青铜时代,相当于中原的商代晚期。也就是说,三星堆出现青铜器的时候,中原青铜器制造技术已经达到了巅峰。专家推测,公元前16世纪后期,商文化从中原南下,把青铜铸造技术带到长江流域,然后溯江而上到了三星堆。对三星堆和中原商代青铜器材料的科学分析和对比,已经证实了这一点。

三星堆不光出土了造型独特的铜人和面具等,也出土了中原常见

三星堆的龙虎尊

的尊、罍等青铜器，说明三星堆先民不仅学会了中原的青铜冶炼铸造技术，也引进了一些器物造型。例如，目前出土的仅有的两件商代龙虎尊，一件出土于安徽阜南，另一件就出土于三星堆。两地直线距离1000多千米，但是器物的造型、纹饰、构图几乎完全一致，不过三星堆的这件在制作时间上稍晚，工艺也略逊色。

2021年，三星堆遗址3号祭祀坑在发掘过程中，成堆的象牙之上躺着两件明显是中原风格的青铜尊。这些器物如果不是在考古现场发现，而是单独出现在某个博物馆，恐怕很难将它们与风格独特的三星堆文化联系起来。所以，虽然三星堆出土的青铜器大多数与中原的青铜器风格迥异，但是存在着千丝万缕的联系。

三星堆先民并不是在商代才跟中原有来往。三星堆出土的镶嵌绿松石铜牌饰、玉璋、陶盉等器物,与夏都二里头遗址出土的同类器物频频"撞脸",说明更早的时候,中原已经与巴蜀盆地有了联系,中原文明已经对当地产生了重要影响。

除了这些之外,最近发掘的三星堆祭祀坑首次发现丝绸朽化后的残留物,并且在样土检测中多次发现丝绸蛋白,表明3000多年前的三星堆王国已经开始使用丝绸。这是三星堆与中原文明联系的又一个重要证据。

镶嵌绿松石兽面纹牌饰,二里头遗址出土

因此，尽管有着独特文化面貌，三星堆文化与中原文化之间的联系也是非常明显的。尤其是玉璋这种代表礼制的器物、青铜冶炼铸造技术这种当时的高科技，跋山涉水传播到巴蜀盆地，更加说明这种联系并不只是简单的物质交换。神秘的三星堆文化显然是在中原文明的影响下出现，并结合当地的文化特征，发展出了独特的面貌。它毫无疑问是中华文明的一个分支，既非来自天外飞仙，也与美洲无关。

知识拓展

想了解三星堆文化的精彩之处，可以去四川广汉的三星堆博物馆。那些巨大的青铜面具、高大的神树、圆形的太阳轮，都在那里展览。

曹操究竟葬在哪里

在中国历史上,他是著名的军事家、政治家、文学家;在小说和戏剧里,他是阴险狡诈、残忍暴虐的代表人物——曹操,这个名字在中国可以说是妇孺皆知、家喻户晓。尽管大家对他的形象有太多争议,有人视他为枭雄,有人视他为奸臣,但他确实是中国历史上存在过的人物,并且对1800多年前的中国历史产生了重要影响。

说到曹操的墓,喜欢《三国演义》的朋友都会想到一个故事——七十二疑冢。这个故事是说,曹操担心死后自己的墓被盗,下令在讲武城(遗址在河北省磁县城南讲武城村,漳河北岸)外设了72个假墓来迷惑盗墓者。这个故事不仅让曹操阴险狡诈的形象更加突出,也使人们相信他的墓葬是不可能找到的。

2009年,河南省的考古学家在河南安阳县(今安阳市)北部一个叫西高穴的小村庄南部抢救发掘了一座被盗的东汉墓葬。墓葬虽然被盗严重,出土的文物不多,但是墓葬巨大的规模还是让人震惊,尤其是其中出土的一些带字的小石牌更是前所未见。一块保存较好的石牌上刻有"魏武王常所用格虎大戟"这样的字,其他几块破碎的石牌上也能看到残缺的"魏"或者"王"的字样。经过详细研究论证之后,考古学家认为，墓葬的年代是东汉晚期，规模巨大符合王陵的级别，墓主有"魏武王"的称号，墓主骨骼鉴定结果是六十多岁的男性，墓葬的位置位于邺城的西边。东汉晚期葬于邺城西边，具有"魏武王"称号的老年男性，只有一个选项，那就是曹操。❶ 这个墓葬就是传说中不可能被发现的曹操墓。

曹操高陵出土部分圭形刻铭石牌

曹操墓的发现一经公布，立即引起了轩然大波。很多人纷纷表示，按照曹操狡诈的性格，一定把自己的墓葬隐藏得很神秘，是不可能被找到的。这个墓葬很可能是曹操的"疑冢"之一。更有过分的，有人认为这完全是考古学家在造假。当然，争论归争论，考古学家是不可能凭空造出那么大一个古墓葬的。事实上，人们对于曹操形象的认识、对于曹操墓葬的认识，有太多误解。这个考古发现改变了我们的认知。

---

❶ 曹操生前被汉献帝封为魏王，死后谥号为"武"。

首先说曹操的形象。在北宋及之前,曹操的形象都是比较正面的,受到民众甚至皇帝的尊重。有两个例子:一是唐太宗李世民在远征途中顺路拜谒高陵,并且写了祭文;二是宋太祖赵匡胤在当了皇帝之后,下令对古代各帝王和名人的墓进行修葺,并设置专门的守陵户,其中就包括曹操的高陵。曹操在民间形象的转变出现于南宋,在著名学者朱熹"尊刘贬曹"思想的影响下,人们认为刘备才是汉室正统,曹操属于篡权者、奸臣。后来随着各种小说、戏剧的演绎,曹操的奸臣形象就更加深入人心。尤其是明代《三国演义》的广泛流传,曹操的民间形象彻底翻了个,成为奸臣的代名词。"梦中杀人""杨修之死""七十二疑冢"等故事更是把曹操奸诈的形象描绘得入木三分。

再说曹操的墓。正史,也就是晋代陈寿写的《三国志》,并没有记载他下令建造疑冢、隐藏自己墓的事。他在生命最后数年,确实曾经下令为自己造墓,并且明确表示要把墓建在西门豹祠西边,能从墓的位置看到邺城三台,而且要求设置足够的空间以供他的公卿大臣和将军们死后陪葬。在他的儿子曹丕登基成为皇帝之后,为了遵从父亲节俭的要求,不在陵墓上专门安排人祭祀,下令拆除了陵墓上的祭祀建筑,改到城内祭祀。这些都是正史记载的,而不是民间传说或者小说,说明曹操不仅没有刻意隐藏自己墓的位置,墓上还有祭祀建筑,曾经一度有人住在那里负责祭祀活动。

而河北讲武城外那些耸立于地面之上、一度被坚信是曹操"疑冢"的古墓,早在几十年前就被考古学家发掘证实是北朝的贵族墓,比曹操晚了几百年。

曹操墓被发现之后,考古学家确实在附近发现了陪葬墓,也发现

知识拓展

正 史

正史，指古代政府组织编写的官方历史，一般每个朝代都会为前一个朝代编写历史，是后代人开展历史研究的依据。与之相对的是野史，就是各种民间传说和故事的统称，一般不会用作历史研究材料。《三国演义》属于小说，也不会用作历史研究的证据。

邺城和三台

邺城位于河北省临漳县，曹操被封为魏王之后把都城设在这里。三台是曹操在邺城建的三处高台建筑，分别叫金凤台、铜雀台、冰井台，其中铜雀台在各种诗词中最为出名。

了陵园和祭祀建筑。这些祭祀建筑也确实是被有意识拆毁，现场清理得很干净，没有像别的因自然原因或者报复而毁坏的古代陵园那样留下满地废墟砖瓦。

这一系列的考古发现都证实了当初对曹操墓的判断是准确的，大家对曹操墓的争议，很大程度上是受到历史小说的影响，认为他的墓不可能被找到。曹操墓的考古发现，确实改变了我们的认知。当地政府在曹操墓的上面建造了一个大型博物馆，将这座重要的陵墓做了原址保护。博物馆已经于2023年建成开放。

曹操高陵遗址博物馆开放之后发生过很多有趣的故事，有人送花，还有人送布洛芬。大家能猜到这是为什么吗？

古代人的"朋友圈"到底有多大

在没有发达交通工具的古代,尤其是马和车❶还没有出现时,古人的活动范围有多大?考古学家通过大量的分析研究提出了适用于古人日常活动范围的理论模式,认为农耕定居社会的活动范围是从以居住点为圆心,5千米或步行1小时路程为半径的正圆形内,狩猎采集社会的活动范围是以10千米或步行2小时为半径的正圆形内。这样看来,古人是不是就只在这个小范围内活动呢?考古发现证实,古代人的"朋友圈"大得超出想象。

先看看粮食作物在世界范围内的传播。小麦是我们现在的主要粮食之一,大量的美食(面条、面包、馒头、包子等)都是以小麦为原料制作的。但小麦并不是中国的原产作物,而是原产于西亚,在距今约10000年前完成驯化,然后向外传播。在距今4000多年前,小麦才传入中国北方。而在此之前,原产于中国的小米,已经传到了西方。两种主要的粮食作物在数千年前就完成了不同方向、横跨欧亚大陆的传播。

---

❶ 考古学研究证实,马和马车在商代晚期才传入中原地区。

> **知识拓展**
>
> ### 裴李岗文化
>
> 因发现于河南新郑市的裴李岗村而得名，主要的特征器物有石磨盘、石磨棒等。著名的舞阳贾湖遗址也属于裴李岗文化，出土有最早的七孔骨笛。

石磨盘和石磨棒

再看看考古发现的各种文物反映的古人"朋友圈"有多大。在仰韶文化之前，中国各地区已经分别存在着不同特征的史前文化，中原地区的裴李岗文化（距今7000～9000年）是其中影响最为广泛的一个。考古发现证实，裴李岗文化的分布遍及河南省范围，东西方向和南北方向都达到数百千米，并且在山东、河北、陕西、湖南等周边省份也发现了相似的器物，说明裴李岗文化曾经影响到这些地区。

随后以彩陶为代表的仰韶文化影响范围就更广了，分布范围往西到达甘肃、青海一带，往东到达山东境内，往南到达洞庭湖以南地区，最北边发现仰韶彩陶的地点在蒙古国苏赫巴托省。在五六千年前，相距上千千米地方的人们可能都用着相同款式的彩陶器，这不能不让人惊讶。

以一种特殊器物牙璋为例，从新石器时代晚期开始，牙璋作为礼器和权力的象征，已经分布到非常广泛的地区。陕北和中原地区是牙璋出现的中心区域，这种器物在西南地区的成都平原（比如三星堆）、东南沿海（广东、福建）等地，甚至台湾、香港等地都有发现，说明古代中国存在频繁的文化交流。古人的"朋友圈"大到超乎想象。

在马车和便利的道路网络出现之前，古人是怎样建立庞大的"朋友圈"，实现如此广泛的文化交流的？这也是考古学家一直在努力探索的问题。

古代有没有高科技

说到古代，很容易让人联想到原始与落后，这其实是一种误解。古代有很多可能蕴含高科技水平的东西，但现在对这些东西还没法解释清楚。

1973年，考古学家在洛阳东周王城62号战国仓窖遗址中发现一个奇怪文物——带钩爪的青铜齿轮。因为出土于粮仓遗址中，有学者认为它是粮食起吊运输中用的机械设备，按照现代机械设备的名称，它的部件应该分别叫"棘轮""棘爪"。这个钩爪的作用，是防止齿轮倒转导致吊运粮食的绳子滑落。这件文物是中国考古所见年代最早的棘轮构件，也可以称为"世界棘轮结构之父"，在中国乃至世界古代科技史上均具有重要意义。

这并不是考古发现的唯一一件古代齿轮。在新石器时代

东周时期的齿轮

陶寺遗址的玉璧加铜齿轮

知识拓展

陶范是铸造用的模具，用土制成。铁水灌入其中，凝固之后就成了铁器。

铸造齿轮的陶范

新朝的卡尺

的山西陶寺遗址中，考古学家发现了一件和玉璧连在一起的铜齿轮。汉代的多个遗址中也出现了不同类型的齿轮装置和铸造齿轮的陶范。这些齿轮的结构和现代机械上的齿轮完全一样，但是具体怎么使用，仍然不清楚。可以肯定的是，古人已经有了某种机械设备。

除了齿轮之外，考古发现的战国时期铜手钳、新朝（西汉和东汉之间，王莽建立的朝代）的卡尺，跟现代的设备也非常接近，很难想象这是两千多年前的古人创造的。

前面列举的这些都是机械设备，古人的科技水平还不止于此，在四五千年前就已经有了微雕技术。在距今5300年至4000年前后，长江下游环太湖流域的良渚古国先民擅长制造精美的玉器。其中，玉琮上经常雕刻有神徽的形象。显微镜分析表明，这些神徽刻画的是一个头戴羽冠、骑

良渚玉器上的神徽

良渚玉器

着大眼巨兽的神人，十分精细，其中最细的地方1毫米的间距内刻了五六条纹路，堪称最早的微雕技术。考古学家认为，微雕工作是用燧石完成的，即使是在今天，这种技术也是非常有难度的。

我们每天用明亮清晰的镜子来梳妆打扮、整理衣服，玻璃镜子在我们的生活中已经是再常见不过的东西。几千年前，人们没有玻璃镜子的时候是怎样梳头和整理衣物的呢？当然，盆子里盛水也可以满足这个需要，不过人们有了一项更方便的发明——铜镜。

把铜的表面磨光到可以清晰照出人影，这种技术早在4000年前就出现了。到了2000年前的汉代，铜镜制作技术已经非常成熟。考古出土的铜镜，有的还能够照出人影。如果只是照面的话，这个技术看起来似乎不难，可是人们在此基础上还创造了透光镜。这种镜子在西汉晚期出现，阳光照射到镜面时，镜背面的花纹会被反射出来，投在墙上。宋代科学家沈括就记载了这种铜镜，考古也发现过实物。关于这种镜子的透光原理，一直众说纷纭，有人认为是镜面存在许多微小的凹凸不平的坑造成，有人认为是研磨透光，也有人认为是特殊的淬火处理所形成。现在科学家们仍然在探索其中的原理。这种透光镜的出现表明汉朝在铜合金的冶炼、铸造和加工等方面已达到较高的技术水平。

说到古代科技，可能很多人会受到各种小说和电影的影响，好奇古代有没有什么高科技防盗墓措施。目前全世界的考古中，都没有发现那种能喷火、能放箭或者能放毒气的防盗设施。最常见的防盗墓措施就是深埋、夯实。还有一种方法是在墓葬里填上流沙和尖锐的巨石，一旦盗墓者挖走一部分沙子，周围的沙子就会向坑里流动，带动巨石向中间滚动，对盗墓者造成伤害——这种情况也非常少见。

明代定陵的发掘中，考古学家发现墓葬的石门后面有一种叫作"自来石"的简单装置。就是一根巨大的石柱，下端顶在地面上的凹槽里，顶部斜靠在门后。随着墓门的关闭，石柱的顶端向下滑，墓门关闭之后就卡在门背后的石槽里。这样墓门就完全没有办法从外面打开了。这只是一种简单灵巧的装置，不能算是高科技设备。

上面举这几个简单的例子，是想说明古代并不像我们想象中那么落后，我们现在对古代科技水平的了解还只是冰山一角。或许在将来有一天，新的发现会为我们揭开那些类似穿越而来的青铜齿轮、卡尺、透光镜等文物背后的科技奥秘。

小米香还是小麦香

五花八门的面食已经是北方生活的特色之一了。令人意外的是，面食的原料小麦并不是我国土生土长的作物，而是源于西亚。我们北方的老祖先吃的可是土生土长的小米——距今7000多年的河北武安磁山遗址一次出土了88坑厚度在0.2～2.9米的小米遗存，可见当时小米的种植是多么发达。植物浮选证据表明，小麦是在公元前3000～公元前2000年才开始传到中国北方的。然而今天小麦已经成为我国写入法律中的主要粮食作物，小米已经黯然退出主粮的行列。关于小麦是何时在北方这场主粮斗争中取胜的，历史学家、植物考古学家各自拿出不同的证据，给出了不同的观点——有说是秦朝，有说是汉代，也有说是唐代以后。至于小麦胜出的原因，也是众说纷纭。

现代科学手段的介入，为我们解决这个问题提供了新方法——骨骼的稳定同位素分析方法。简单说，小米和小麦是两种具有完全不同光合作用途径的植物，两者的碳稳定同位素比值也截然不同：按照光合作用被划分为C4类植物的小米，碳同位素比值较高；小麦属于C3类植物，碳同位素比值较低。大量的动物实验研究表明，吃什么样的植物，动物身体组织的碳同位素就呈现什么样的特征。也就是说，以小米为主食的人群，身体组织（考古研究的主要是骨骼胶原蛋白）中碳同位素比值更高，以小麦为主食的人群则身体中碳同位素比值偏低。

基于这个原理，古代以小米为主食的居民开始转向大量食用小麦的时候，骨骼里的碳同位素比值就应该呈现明显下降的趋势。如果对不同时期北方居民骨骼的碳同位素比值进行对比观察，就应该能看出小麦开始胜出小米的时间了。

通过对新石器时期以来数百个北方古代人的骨骼碳稳定同位素数据的比较，考古学家最终发现，这个重要的拐点出现在东周时期。东周之前的数千年中，北方中原祖先一直以小米为主粮，骨骼中的碳同位素比值保持一个稳定的高值。东周时期，有一部分人（城市底层居民）的骨骼碳同位素比值明显下降，说明他们开始大量食用小麦。而此时其他人群（贵族等）仍然食用小米。到了汉代，人群的碳同位素比值继续下降并且呈现普遍现象，说明食用小麦的现象更加普遍。当然，这时候人们最喜欢的仍然是小米。

东周时期中原底层城市居民开始大量食用小麦，这一现象值得注意。其中一个重要原因很有可能是，战乱时期城市食物供应压力导致生计困难的人群开始寻求新的粮食来生存。而汉代小麦食用量普遍增加，应该与汉帝国建立以后人口剧增造成的食物供应压力有关。汉代历史中有政府官员推广小麦种植的记载，这应当是出于现实需要。

另一个重要原因应该是与粮食加工方式有关。汉代之前小麦都是"粒食"，也就是囫囵煮着吃，因为加工粮食的石磨还没有出现。其口感想必不会很好，这可能也是为什么小麦一直得不到多数人青睐的原因之一。而汉代石磨出现之后，小麦的食用方式有了改变——变成了专家说的"粉食",也就是磨成粉之后食用。小麦磨成粉之后,不仅口感明显变好,食用方式更加多样化,也迎来了广泛传播的机会。当然,小麦最终取代小米的地位又是几百年之后的事。一直到了唐代中后期之后,小麦的主粮地位才得以稳定,人群的碳同位素值也才保持稳定状态。

考古揭示的中国北方主粮由小米到小麦的转变过程,确实颠覆了我们以往的认知。还有一个更有趣的对比——在东周和汉代的中国北方,本土作物小米的地位高于外来作物小麦;而同时期欧洲西部的罗马帝国,情况则完全相反,即地位较高的人都食用小麦,地位较低的人才食用小米。

第二章

什么是考古

看完前一章的介绍，再翻翻自己的历史课本，相信大家对于考古工作的重要性一定有了更加具体的认识。作为一项改变我们对历史认知，或者说重新书写历史的重要工作，到底什么是考古呢？

如果你喜欢逛网络平台，可能曾经看到过一些说法，比如"考古就是挖宝""考古就是挖墓"等。这些言论有的让人可笑，有的让人愤怒。作为考古工作者，我们也经常在网络平台上与这些不负责任的言论做斗争。因此，我们希望通过这些文字，让青少年朋友从小对考古这项工作有科学的、正确的认识。

相信我，我是有国家颁发执照的考古队队长。

什么是考古

考古是根据古代人类各种活动所遗留下来的实物来研究当时人们的生活及社会状况，进而解析人类文化与社会发展的历史过程，探索发展变化的背景、原因和规律的一门科学。这是教科书上对于考古的定义，读起来很难，背起来也比较难。当然，这是考古专业大学生的学习任务，我们不需要背诵，可以换种方式去理解。

有位考古学家的孩子，因为小时候接触过相关知识，所以他对于"什么是考古"做了这样的解释：我们生活的现代和祖先生活的古代之间隔了一堵墙，这堵墙就是时间；考古就是挖开这堵墙，让我们走进古代，看到祖先的生活。

挖开时间这堵墙，是一个非常形象的比喻。但是真正的考古工作，并不是这么简单。我们可以把隔开古代和现代的地下土壤理解为"时间"这堵墙。考古学家面对的这堵"墙"，有的几十厘米厚，有的几米甚至几十米厚。"墙"的后面只有古代人留下的一些蛛丝马迹，比如一座毁坏的房子、几件破碎的罐子、几条车辙的痕迹、一段坍塌的城墙、一座墓葬、一些撒落在地上已经变成炭的种子、一些骨头的碎片……

考古学家需要在土壤里找到这些蛛丝马迹，把它们一个个拼对起来，还原古代人生活的场景，比如古代人穿什么衣服、吃什么食物、住什么房子、用什么工具等。等这些信息足够丰富之后，就能看到人类什么时候发明了石器、金属工具，什么时候进入了文明时代，什么时候建立了国家等更精彩的历史故事。从这个角度讲，考古工作者更像是侦探，通过古代人留下的各种线索来还原他们的生活场景，探索他们当时在想什么、做什么。

关于什么是考古，大家只需要记住三点：1.考古是一门科学；2.考古研究的对象是古代人留下来的各种实物（包括物品和痕迹）；3.考古研究的目的是探索古代人的生活。

什么不是考古

在真正开始我们的考古课程之前,首先要解决一个问题——什么不是考古。

考古,天生就是一项让人好奇的工作,在任何时候都能获得不同年龄段人群的关注。每次当别人知道我从事考古工作之后,都会有各种各样的问题。这些问题简单总结一下可以分为两大类:小朋友们一般都会问,你发现过恐龙没有,都是哪种恐龙;大人们一般会问,你帮我看看这个东西是真的还是假的,值多少钱。从这里可以看出,尽管不同年龄的人都对考古充满热情和好奇,但是大家也都存在不同程度的误解。为了澄清这些误解,我先来介绍一下什么不是考古。

恐龙研究不是考古

恐龙是古代的东西,但恐龙研究不是考古。考古研究的对象是一切与人类相关的东西,而恐龙与人类没有直接关系。人类起源的年代在距今 700 万～200 万年前,非鸟恐龙早在 6500 万年前已经全部灭绝,人与恐龙并未同时存在过。恐龙化石埋藏在地下,研究恐龙也需要挖掘，但那是属于古生物学家的工作；恐龙研究属于古生物学领域，是一个完全不同于考古学的学科。另外，考古工作、考古发现的遗址和文物都属于文物局管理，而恐龙化石属于自然资源部门管理。所以，考古学家不挖恐龙，也不研究恐龙。（在考古学家所发掘的深度范围内，几乎不可能发现恐龙化石——除非有某个古人收藏了恐龙化石并埋在自己的墓葬里。）

如果大家确实对恐龙感兴趣，在选择大学专业时一定要了解清楚，不要报考古学。

收藏鉴定不是考古

收藏鉴定和考古都是直接与文物打交道，但是两者对于文物的关注点完全不同。收藏鉴定关注的是文物的市场价值和经济价值，简单说就是值多少钱；考古关注的是文物的历史、艺术和科学价值，这些价值是不能用金钱衡量的。

《中国文物、博物馆工作者职业道德准则》第四条规定："恪尽职业操守。不收藏文物，不买卖文物，不违规占用文物及资料，不以文物、博物馆职业身份牟取私利。"因此，一个有职业操守的考古学家，不会收藏买卖文物，也不会凭借考古文物专家的身份参与鉴宝、估价、收藏等活动来谋取私利。

有一个例外，公安机关或者海关办理的案件中，如果涉及文物，需要有专业资质的考古学家进行鉴定并出具鉴定报告。这种鉴定，仅限于判断文物的真假和年代。

知识拓展

文物的定义

文物是人类在社会活动中遗留下来的具有历史、艺术、科学价值的遗物和遗迹。一般分为可移动文物和不可移动文物两大类。可移动文物是指历史上各时代的重要实物，包括艺术品、文献、手稿、图书资料、代表性实物等。不可移动文物是指古文化遗址、古墓葬、古建筑、石窟寺、石刻、壁画、近现代重要史迹和代表性建筑等。

挖地找宝不是考古

很多影视节目或者文学作品都将考古描述为"探宝""寻宝"，让人觉得考古就是挖宝，这也是一个很大的误解。考古工作的目的不是探寻金银财宝，而是寻找古人留下的各种痕迹物品。一件破碎的陶罐、一块炭化的木头、一件其貌不扬的石器，显然不是大家心目中的"宝"，但是它们可能承载着丰富的历史、艺术和科学价值，在考古学家的眼里十分重要。

有人拿着金属探测器去自己家的院子、菜地或者野外探测，然后挖掘，试图找寻地下的"宝物"。这不仅不是考古，而且有可能触犯法律。开展考古工作，需要经国家文物局批准并颁发"考古发掘证照"，也就是许可证。《中华人民共和国文物保护法》规定："地下埋藏的文物，任何单位或者个人都不得私自发掘。"在好奇心驱使下，试图自己去"挖宝"，如果真的挖到了文物，那就触犯了法律，要受到相应的惩罚。如果是在野外发现了文物，也应该及时上报给文物部门，或者直接打电话报警，私自藏匿也会触犯法律。

挖墓不是考古

海昏侯墓、曹操墓等重要考古发现长期占据各类媒体热点，墓葬出土的文物，尤其是海昏侯墓出土的闪闪发光的金饼子和成堆的钱币，总是惹人惊叹。于是，很多人就有了这样一个印象——考古就是挖墓。事实上并不是。

前面已经在多个地方说过，考古研究的对象是古人留下的各种遗迹和遗物，或者说各种痕迹和物品。墓葬，只是古人留下的众多痕迹中的一种，只是考古工作对象的一部分。除了墓葬之外，古代的城市、村落、房屋、道路、水井甚至垃圾坑和厕所等，都是考古工作的对象。比如著名的三星堆遗址，目前发掘的主要是几个祭祀坑，并不是墓葬；著名的秦始皇陵兵马俑，也是出自陪葬坑，并不是墓葬。

墓葬，如果不被盗，可能会保存下来比较完整的、丰富的随葬物品，从而引起大家的关注。而其他的遗迹，或者只剩下残垣断壁，或者只出土一些破碎的陶片石块，视觉吸引力较小，所以难以引起公众的关注。这可能是造成误解的主要原因。

为什么要研究古代

当人们都在关注人工智能技术的发展、新能源汽车的进步、芯片制造的突破、太空探索的新发现等热点问题时，我们为什么还要去探索古人的生活？

这个问题可以这样去理解——我们的爸爸妈妈会通过照片讲述我们小时候和他们年轻时候的故事，爷爷奶奶也会通过照片或者物品讲他们的故事，讲那些我们可能未曾谋面的太爷爷太奶奶甚至更早的祖先的故事。有的人家里可能还有自己的族谱，记载着一个家庭或者一个家族的历史。通过这些，我们就知道了自己从哪里来，为什么称为一家人，家人和祖先的故事也激励我们树立自己的理想，知道自己将来想做什么、成为什么样的人。一个家庭或家族会通过各种方式（照片、族谱、物品或者故事）去认识自己未曾谋面的祖先，去探索自己的历史，这不仅是我们人类对于知识的渴望，而且是在寻找自己的根，让家庭、家族成员更加团结友爱。

同样，一个民族也需要去认识自己的祖先，知道我们从哪里来，我们为什么是一个民族，我们的祖先经历了怎样的故事、有着怎样辉煌灿烂的历史，我们未来将要走向何方。只有了解了这些，我们才会为中华民族悠久的历史和灿烂的文化感到骄傲，才会为自己是中华民族的一员感到自豪，才会树立远大理想抱负、为中华民族的继续强大而努力。这就是文化的力量。

当然，一个民族的历史长达成千上万年，绝大多数时候没有留下文字和影像，我们能找到的只有埋在土壤里的蛛丝马迹，比如前面说的一段城墙、一座房子、一座墓葬等。要讲述祖先的故事，从这些故事中汲取经验教训和力量，就需要考古学家来破译这些线索，为我们还原这些故事。从这个角度讲，我们通过考古去探索古人的生活，是为了发现祖先的智慧和创造，找到我们的根，为我们的现在和未来提供精神和文化力量。

知识拓展

考古与科幻

科幻电影和小说中有两个有意思的情节。一个是在科幻电影《流浪地球2》中，周喆直在国际舞台上的演讲中，他用一根1.5万年前人类股骨上的骨折愈合现象来阐释什么是团结，号召人类要团结互助。

另一个是在刘慈欣的小说《人和吞食者》中，人类联合国代表与吞食者先遣使者在地球上的一次会面特意选择在非洲一个考古现场，试图通过解释人类数万年的文明历史，来唤起吞食者的良知。

可见，即便是在展示未来世界的科幻作品里，考古也是人类精神和文化力量的源泉。新浪微博网友@海客hiking也说，科幻就是基于过去和现在预测未来，考古学家对超长时代跨度中人类文明本质的认识也是科幻作家需要具备的。另外，科幻创作流派里面还有考古科幻或历史科幻流派，即用幻想复原未知的历史。

考古的历史

在世界范围内,科学意义上的考古学形成于19世纪中期(相当于我国的清朝晚期)。中国的现代考古学是在西方影响下产生,最早一批考古学者也是在欧美学习考古学。

"考古"一词在中国最早见于北宋时期著名学者吕大临的著作《考古图》。吕大临爱好收藏,搜集整理了很多古代青铜器和石刻,并写成了书。书虽然名为"考古",但是与现代意义上的考古有很大区别。不过,书中对很多古代器物的命名,仍然被现代考古学家沿用。

吕大临家族墓在陕西省西安市蓝田县五里头村被发现。2006～2009年,考古学家对这些墓葬进行了发掘,有意思的是,随葬品中不仅有真文物,而且有仿制的宋代之前的文物(还仿刻了铭文),并且一些古物上还被重新刻了铭文或者用墨写了字。

吕大临家庭墓的发现证实了其家族确实爱好收藏古代文物。但他们在古代文物上重新刻铭文的行为,实际上是一种破坏活动。

如前所述,中国现代考古学诞生于1921年,以河南渑池县仰韶村遗址的考古发掘为标志。需要注意的是,这次发掘并不是中国学者主导,而是瑞典学者安特生主导的,并且他是地质学家。1926年,中国考古学家李济调查并发掘山西夏县西阴村遗址，是中国人自己主持的首次考古发掘，李济也因此被称为"中国现代考古学之父"。中国的现代考古学至今已经走过100多年，2021年在渑池仰韶村遗址举办了盛大的活动，纪念中国现代考古学诞生100周年。

李济

第三章

考古的
那些趣事

前面讲了那么多考古的定义、考古工作的意义等，是不是让你有种上课的感觉？说起考古这项工作，大部分人的第一直觉就是一位顶着花白头发、戴着厚厚眼镜、面容严肃的专家，拿着一件数千年的文物研究，有时可能还要拿着放大镜仔细端详。这种形象在很多漫画里都能见到。

　　没错，考古是一项很严肃的科学工作。但考古工作并不是一直很沉闷，考古学家也有很可爱的时候。这一章就给大家讲几件考古趣事，为大家的兴趣加加油，使大家能够继续读下去。

考古学家的"职业病"

因为长期在野外经受风吹日晒，或者长期伏案研究，很多考古学家都有关节炎、颈椎病等职业病。但是本节标题里的职业病加了引号，说的不是这些身体上的状况，而是由于职业习惯发生的一些有趣故事。

给鸡办"葬礼"

已故北京大学教授王迅是新中国考古学科培养的第一个博士，也是著名的考古学家。2014年，他的一个操作一下子火遍全网。王教授去食堂吃饭，吃完后突发奇想，用鸡的骨头在盘子上拼出了栩栩如生的"人形骷髅"，并用彩色虾片给它围了一个"花圈"，随后唱着歌向这位"逝者"鞠躬致敬，办了一个小型的"葬礼"。这一举动被人拍下来传到网上之后，大家都为这个有趣的操作纷纷点赞。

动物考古学家发现"挂羊腿卖猪肉"

2016年，郑州召开一个有关动物考古的专业会议，参加会议的都是全国各地专门从事动物考古研究的同行。会后，几位专家相约到饭店吃饭，点了一个烤羊腿。羊腿上来之后，大家开始犯"职业病"，利用专业知识对着羊腿开展各种鉴定。突然发现，这腿骨的特征怎么也不像羊，而是猪！他们怀疑饭店是"挂羊腿卖猪肉"，因为羊肉比猪肉贵得多。几位专家提出疑问之后，店主发现这几个人太专业了，赶紧赔礼道歉并承诺以后一定诚信经营。这件事发生之后，大家开玩笑说，以后聚餐吃饭时一定要带上一名动物考古学家，以免受骗。

知识拓展

动物考古是考古学中的一个专门方向，通过识别遗址中动物的种类、性别、年龄、病理等特征，来研究家养动物的驯化过程、野生动物资源的开发利用、家畜饲养模式等问题。动物考古专业队伍里，有一些专家本身就是学习动物科学出身。通过骨骼碎片来进行种属和年龄鉴定，是动物考古的基本功。

植物考古学家发现自己受骗

植物考古学家通过土壤里的炭化植物种子、陶器或者石器上的残留物等材料来分析古代植物种植和加工食用情况，因此非常熟悉各种植物种子的形态、各种植物淀粉粒和植硅石的形态，跟动物考古学家熟悉各种动物的骨骼特征一样。他们没想到有一天也会犯"职业病"，而且还很尴尬。

笔者的一位同事是植物考古学家，有一段时间身材发福，很是焦虑。于是研究减肥食谱，每天午餐不吃饭，而是冲食藕粉。他经常觉得自己买的藕粉味道好像不对劲，于是有一天突发奇想，对藕粉进行了一些处理，拿到实验室的显微镜下观察淀粉粒形态（这是植物考古基础技能之一）。结果很意外——显微镜显示他的藕粉淀粉粒全部是圆形，而藕的淀粉粒形态应该是长圆形，差别太大了！于是他意识到自己可能因为图便宜买到假货了，这些"藕粉"很有可能是其他块根类植物的淀粉。

考古队帮村民找祖坟

一支考古队在野外开展工作时，附近老乡找上门来寻求帮助。他们想给自己的祖先迁坟，但是因为时间太久，墓上的土堆（坟头）已经平了，找不到具体位置。通过勘探来寻找古代遗址和墓葬，是考古队的基本技能之一。无论是几百年还是几千年的墓葬，都能够通过辨认土质土色找出来。没想到这个技能居然还能帮助到当地村民。

考古队员们带着探铲去，很快就解决了问题，帮老乡找到了祖坟。这一举手之劳拉近了大家的关系，以后的工作就更好开展了。除了找墓葬之外，通过勘探的方式帮老乡找寻遗忘的地下水管、红薯窖等，也是偶尔会有的事。

数钱数到手抽筋

在古代的墓葬或者遗址中,经常会出土钱币。考古人员要对每个钱币进行仔细清理、测量(尺寸、重量)、拍照和拓片等工作。看看下面这些数据:

1987～1991年间,河南永城西汉梁共王陵(柿园汉墓)钱币窖藏出土铜钱5500千克,约225万枚。

江西海昏侯墓出土的钱币多达300余万枚、重达10余吨,另外还有金饼385枚、马蹄金48枚、麟趾金25枚、金版20块。

假设一秒钟数一枚,连续不断数完至少需要555个小时。一天连续工作八小时,则需要将近70天。如果再对每一枚钱币进行清理、测量、称重、拍照和拓片,这个工作时间则需要以年为单位计算。

2018年,陕西渭南白水县发现的一个钱窖,钱币总重约450公斤。

2019年,河南许昌禹州市警方发现有人盗挖古钱币窖藏。抓获嫌疑人之后,缴获钱币2.2吨,文物部门又清理出土4吨多重古钱币。

海昏侯墓出土钱币清理现场

2020年，山西浑源一建筑工地施工人员在修路铺设下水管道时挖出一个钱币窖藏坑，文物部门初步整理出土古钱币150～200千克。

2022年，江苏盐城建湖县发现一处钱币窖藏遗存。该窖藏长1.63米，宽1.58米，深0.5米。钱币整齐分层平铺，以草绳串联的成贯铜钱，钱币整体保存完好，多数铭文清晰。本次窖藏出土的钱币约1.5吨。

面对这些以百千克或者以吨为单位计算的古钱币，每个考古人员都是心惊胆战。有些可不光是数到手抽筋的问题，可能要数断手指头。

知识拓展

这些大量集中出土的古钱币一般有两种情况：一种是墓葬时随葬的，比如海昏侯墓和梁共王墓里出土的钱币；另一种就是窖藏，多是在战乱时期为了躲避灾祸，挖坑藏起来的大量钱币。

世界著名考古造假案件

考古学自出现以来，就是一门以实物证据为基础的学科，但是你可能想不到，居然还有考古造假的事情，而且闻名世界。其中几件著名的造假案件都与旧石器考古有关。

日本的藤村新一事件距今才过去几十年。藤村新一本来不是考古专业人员，1981年开始跟随考古队发掘，因为发现了4万年前的石器而声名鹊起（此前日本最早的石器是3万年前）。随后，好运就一直伴随着他，他不断在旧石器考古方面取得重要发现。1994年，他在宫城县的上高森遗址发现了距今60万至12万年前（旧石器早期）的文物，使该遗址成为日本最古老的遗址。日本的文明史不断被刷新，教科书也因此不断改版，藤村新一也成了神一样的人物，被誉为日本的"石器之神""上帝之手"。2000年，他声称要从上高森遗址挖出100万年前的旧石器。记者为了第一时间抓住大新闻，在考古现场偷偷安装了摄像机，结果拍到了他偷埋石器的画面。最终，藤村新一只能承认自己多年以来的造假行为，并被公诉。据日本考古学协会公布的数据，藤村新一参与发掘工作的遗迹有162处存在造假行为，其中159个遗迹被认定毫无学术价值，其中包括一度成为日本人骄傲的上高森遗址。

另一件考古造假案发生在英国。1908 年，修路工人在英国一个叫皮尔当的地方发现了一件形状像椰子的东西，并交给了业余地质学家、大英博物馆的名誉采集员查尔斯·道森。道森认出那是人骨的左侧顶骨一部分，1911 年他发现了同一头骨的左眶上缘的一大块。随后，道森与地质学家、古生物学家一同去皮尔当现场发掘，先后发现了一些其他的头骨碎片和半块带有 2 枚类似人牙的右下颌骨。他们将这些头骨碎片和下颌骨拼接成一个头骨，认为该头骨属于大约 50 万年前的古人类，并将其定名为道森曙人（用的就是发现者道森的名字），又称皮尔当人，认为他是从猿到人的过渡形式。这一发现公布之后，立即引起激烈的争论。很多人怀疑这个颅骨和下颌骨不属于同一个个体，也有很多人坚信这是大家长期寻找的人和猿之间的缺环。1953 年，牛津大学的研究人员对皮尔当人头骨和下颌骨氟含量的测试发现，颅骨的氟含量较高，而下颌骨和牙齿的氟含量却低得多。这表明下颌骨和牙齿是近乎现代的，而颅骨是较为古老的。他们还证明下颌骨是有人将现生猿的下颌骨染色，使之与头骨的颜色匹配。1953 年 11 月 21 日，英国伦敦自然历史博物馆专家宣布"皮尔当人"是一场骗局。不过这个骗局被揭露时，当事人都已经去世，究竟谁制造了这个骗局，可能永远是个谜团了。

除了这些之外，还有一些不是直接制造假文物，而是编造考古发现，比如史前巨人、史前外星人等，也都曾经一度被人关注，但是考古学家——指出了它们的不靠谱之处。美国考古学家肯尼悉·L. 费德写了一本名为《骗局、神话与奥秘——考古学中的科学与伪科学》的书，专门揭露这些骗局或者噱头。这本书是美国很多大学的指定教材，已经先后修订出版了 10 个版本。

考古发现作业的起源

作为学生，你们是不是每天都与作业打交道？很多人认为，一个叫作罗伯特·纳维利斯的意大利教师在1905年发明了作业，最初是将其作为一种惩罚学生的手段。但是考古学家发现，作业的历史至少可以追溯到3800多年前。

在著名的两河流域（幼发拉底河和底格里斯河），即今天的伊拉克和伊朗等地，苏美尔人建立了世界上最早的文明，并且于5200多年前发明了世界上最早的文字——楔形文字，还留下了大量带文字的泥板。其中两块可能来自苏美尔古城拉尔萨遗址（现伊拉克境内）的楔形文字泥板，记载了3800多年前一个学生的家庭作业，而且还是数学作业。根据考古学家的研究，学生在向老师背诵乘法表时制作了这些泥板，以证明他们完全记住了这些内容，相当于默写。制作这两块泥板的学生叫作Suen-apil-Urim，他在泥板上写了24和其他一些数字的乘积，即24的乘法表。但是第一块泥板上有一些错误，所以4天之后他又重做了一遍。考古学家还发现了一块4的乘法表泥板，也是这个学生制作的。

最为珍贵的是，这些泥板都有签名和日期。因此考古学家推断，这些泥板的制作时间是公元前1815年，并且Suen-apil-Urim花了6个月时间从24的乘法表学到4的乘法表。再根据苏美尔人的数学体系推测，他学完乘法大概需要一年时间。也就是说，在3800多年前，就有学生开始有数学家庭作业了，至少持续一年时间。如果说用楔形文字写的数学作业看起来太陌生，那么下面这个中国古代小朋友被语文作业支配的感觉大家应该更熟悉。

1959年至1975年间，考古工作者在新疆吐鲁番发掘出距今1000多年的大量文书，被称作"吐鲁番文书"。其中有一份公元710年的语文课堂作业，它的主人是12岁的卜天寿同学，住在西州（今吐鲁番）县。

卜天寿的作业用毛笔写在5米多长的卷轴上，共178行，每行20字左右，内容是《论语》。这位同学在写作业的同时，显然也在开小差，因为作业中还夹带了两首打油诗。第一首插在正文中，内容是"他道侧书易，我道侧书难。侧书还侧读，还须侧眼看"。专家推测"侧书"可能是当时一种比较复杂的书写方式，所以这个小朋友一边写一边吐槽。

将近3500字的作业，也不知道他写了多长时间。终于写完作业之后，这位同学又忍不住发挥了一下诗兴，在后面赋诗一首："写书今日了，先生莫咸池（嫌迟）。明朝是贾（假）日，早放学生归。"意思是今天终于写完了，老师您也别嫌慢，明天就放假了，赶紧放我回家吧。由于写得着急，可能加上心情放飞，居然还写了几个错别字，比如"嫌迟"写成了"咸池"，"假"写成了"贾"。不知道这份作业最终是否交给了老师，老师看到时又是什么心情。但是机缘巧合，这份作业一直被保留到今天，让我们看到1300多年前的学生也同样有抄写古文的作业和对放假的期盼。

外国人怎么做考古勘探

洛阳铲是中国人发明的考古勘探利器，而且主要是中国考古学家在使用，近年来才被逐渐介绍给中亚考古学家。那么，没有这种工具，国外的考古勘探都是怎么做的呢？

美国的考古勘探大体有三种方法：coring（取核心的钻法），augering（螺旋下钻法），drilling（直接钻法）。这些方法都是从地质学家那里借鉴过来的。据一篇文章介绍，coring 和我们的考古勘探十分相似，是用一种空心圆筒状工具提取土样并进行观察。这种工具的形态、操作方式、工作原理跟洛阳铲非常接近，不过文章中并没有提到中国的洛阳铲，看来并不是从中国引进的技术。需要注意的是，这篇文章介绍的考古勘探并不是为了找墓葬，主要是为了辨识地层结构以提供年代信息。那么，国外考古究竟怎么找遗址和墓葬呢？

目前能查找到的最早的国外考古勘探工作，与一个叫布莱恩·福赛特的英国人有关。这个人是 18 世纪英国肯特郡的一位古物爱好者，10 岁时参加过一些当地墓冢的发掘（姑且称为发掘吧），他后来对此产生了兴趣并自己组队干起来（当时的考古工作并没有那么多制度和规范）。他的工作对于盎格鲁—撒克逊墓葬的发现和研究有着重要贡献。

他留下的手稿中记载了这样一件事：1757 到 1773 年间，他在英国肯特郡几个地方发掘文物，因为当时地表所有墓冢已经被挖掘完毕，正面临无墓可挖的情况，他意识到地下可能还有很多本身没有墓冢或者墓冢已被毁坏的墓葬未被发现。于是他琢磨出一个叫 probe（探针）的工具来探索地下墓葬，并且成功找到了很多地表无任何标志的墓葬。这个工具实际上就是一个上面带把手、底部尖锐的长条形金属。用这个工具扎到土壤里，根据手感判断土壤中是否有异物（骨骼、陶器等），以此来判断是否有墓葬。

国外有专门提供寻找墓葬服务的公司，并且详细介绍了如何用探针寻找地表没有标记的墓葬（locating unmarked graves by probing）。相关网站上不仅介绍了最佳探针尺寸，还推荐使用可替换的钢制探头，因为探头损耗很快。甚至连如何布设探孔也有介绍：基督教徒墓葬一般呈东西向，所以探孔走向最好是南北向（以保证最大概率探到墓葬）。如果遇到松软土质，必然有异常——圆形或者椭圆形一般可能为树坑或者鼠洞，东西向长方形基本可确定为墓葬。这些找墓方法一般和考古无关，多是为了帮人们寻找失去具体方位的家族葬，或者是墓地管理部门为了进行迁葬和重新规划而确认地下墓葬的位置。这些都是合法的行为，因此各网站都强调勘探之前要获得墓地管理部门的许可。

考古专家也会为墓葬勘探提供指导。例如爱荷华大学的威廉·E.惠特克博士专门撰写了一篇文章《无标记墓葬定位技术指导》（Locating Unmarked Cemetery Burials），免费提供给公众下载。其中提到的方法包括探针法（或探杆法）、探铲法（soil coring）、发掘法、探地雷达法（GPR）、电阻法、磁场法、磁力法等。还有一种叫卜杖法（grave dowsing）的方法实在有趣，下面先详细介绍一下。

探地雷达法

电阻法

  Dowse 本意是指用占卜杖探测矿藏或水源，在美国中西部地区，这种方法也被称为巫术或占卜。探测过程中，探测者两手各持一根 L 形铜线或者铜杆的短部，长部伸向前——他们认为这两根铜杆会在墓葬上方交叉。这个方法的来源也相当奇特：在英国和德国有一个古老的传说，柳树或榛树的枝条有一种天然的无法控制的向水性，因此它们总是指向地下水源。到了美国这个传说有了一些演变，将柳树枝换成了铜杆，人们不仅用这种方法来找水源，也用来找墓。支持者认为，这两根铜杆在男性墓葬上方会碰到一起，在女性墓葬上方则会分开。

这看起来似乎和磁场有关，但是实际上完全不合逻辑。

　　威廉在上述那篇文章里对上述每一种找墓方法的优点和缺点都做了详细的分析。对于卜杖法，他是这样评价的：优点——无；缺点——这种方法可能让操作者个人或者其所在机构承担法律或者财务风险（寻找墓葬往往都牵涉法律和财产问题），同时还会使自己蒙羞。他对于这种墓葬勘探方法的质疑公开之后，很多声称亲自实践过或者见证过此方法的人联系威廉，对他的质疑表示不服。这些人认为，卜杖法曾被多次成功实践，显然比那些既昂贵又不一定有用的地质探测法有效。有意思的是，威廉又就此专门写了一篇文章，回应这些质疑声音，并对这种方法再次进行讨论。他的这种认真态度很让人佩服，不过由此可见卜杖法这种找墓方法在美国民间还是有一定市场的。

"飞上天"的编钟

礼乐制度是中国传统文化的特色之一。考古发现的东周时期编钟，不仅证明了当时人们有很高的艺术造诣，也证实了当时的礼乐制度相当完备。成套青铜编钟在中国很多地方都有发现，比较著名的有湖北曾侯乙墓出土的编钟、河南信阳城阳城址楚墓（原来叫长台关楚墓）出土的编钟等。其中有的编钟还能正常演奏，当然出于保护文物的考虑，只能在测试时或者其他非常特殊的场合才会去演奏出土的编钟原件。现在大家能看到的编钟演奏，敲击的都是复制品。

关于编钟一直有一个说法，1970年我国第一颗人造卫星东方红一号升空，卫星播放的《东方红》乐曲，就是用一组1957年出土于河

信阳城阳城址楚墓出土编钟（钟架为后来修复）

南信阳的战国楚编钟演奏的录音。这个说法在很多官方媒体都有转载，并且已经被广泛接受。

2020年，河南的考古专家找到当时参与东方红一号卫星项目的专家，核实卫星上播放的《东方红》乐曲是否是由河南出土的编钟演奏的，得到了不一样的说法。曾任东方红一号卫星总体设计组副组长的潘厚任先生在《翻开尘封的档案——纪念东方红一号卫星在轨五十周年》纪念文章（详见《中国航天》杂志2020年第4期）中，有一节"《东方红》乐曲的起因"专门说到这件事。

潘厚任先生说，"起先曾考虑采用磁带机，录制了多种乐器演奏的曲音，以供选用。考虑到磁带机在太空回放可靠性差，转动部件在太空环境还要用到二硫化钼固体润滑剂等技术难点，才确定采用电子音乐方案"。纪录片《东方红》中也提到，东方红一号卫星播放的《东方红》不是录音，而是用电子线路产生的复合音，必须先由大型地面站接收，再通过广播转播，才能用一般的收音机收听到。也就是说，卫星播放出来的是音乐的电子信号而不是声音。音乐的声音是没有办法直接通过太空传到我们的耳朵里的。

中国科学技术馆在"科创百年"临时展览中对此也有介绍。宇宙是真空的，并没有传声介质，那么当时的人们怎么听到《东方红》乐曲呢？东方红一号卫星仪器舱中最核心的部件就是乐音发生装置和短波发射机。乐音发生装置用电子线路模拟铝板琴音色演奏《东方红》乐曲的前8个小节，连同卫星遥测信号一起，由同一个短波发射机交替发送。大型卫星地面接收站采集信号后，再由中央人民广播电台向全世界播送，这样人们就能够通过普通的收音机收听到《东方红》（注意：是通过收音机才能听到）。

据相关的项目专家介绍，为了让卫星播放出清晰、悦耳、动听的《东方红》乐曲，中国科学院遥控室的刘承熙，也就是卫星的乐音装置主要设计者，首先想到的是北京火车站的报时钟，但是报时钟的线路复杂，无法仿制。后来在北京乐器研究所和上海国光口琴厂的协助下，他选中了铝板琴的声音。用线路来模拟铝板琴奏出的《东方红》乐曲，不仅声音清晰、悦耳，而且线路简单，可靠性强。

因此，1970年东方红一号卫星播放的实际上是电子音乐（或者说音乐的电子信号），人们通过收音机听到的《东方红》乐曲，是卫星地面接收站接收信号之后再通过广播转播的。而且演奏这首乐曲的乐器是铝板琴，并不是考古出土的古代编钟。

造成这种误解的原因，可能是当年河南城阳城楚墓的这套编钟出土时保存状况很好，科技考古工作者用它们试奏了《东方红》并通过广播向全国播放，于是，"编钟版"《东方红》深入人心。另外，潘厚任先生回忆说，最开始确实录制了多种乐器演奏的曲音，以供选用。可能编钟演奏的曲音也在其中，以致大家认为卫星播放的就是编钟演奏的乐曲。

当然。"飞上天"的编钟这一疑案的破解，并不影响我们对古代编钟和古代音乐水平的敬仰，反而能够让我们更加尊重科学精神，勇于探索真相。

要注意的是，现在还有媒体认为东方红一号卫星播放的《东方红》乐曲是曾侯乙墓出土编钟演奏的，这就更加张冠李戴了。湖北随州的曾侯乙墓编钟出土于1978年，而东方红一号卫星飞上天可是1970年。大家千万不要被这些信息迷惑了。

考古现场最害怕的事

一提到考古工作,大家都会想到古墓葬,然后就会脑补出很多惊悚恐怖的场景。这也是我们经常会被问到的问题——你们在考古现场看到人骨会害怕吗?答案是不会。

考古工作现场,就是一个科学研究现场,有大量的工作人员协同工作,即便是面对人骨,也不会有任何令人害怕或者不适的感觉。可以想象一下,医学专家在手术台上或者实验室直接面对流血的人体或者遗体,不会产生恐惧的感觉,也是因为正在进行科学工作。

我们的考古队伍中,有专门从事体质人类学研究的专家,每天面对的就是不同年代的人骨遗存。这些人骨遗存早者来自八九千年前,晚者可能就来自几百年前。尤其是新疆沙漠地区出土的木乃伊,或者南方墓葬里出土的保存较好的遗体,还能清楚地看到人的形态。这些在考古工作者的眼中,都是珍贵的遗存和重要的研究材料。

河南省文物考古研究院的体质人类学实验室里,保存有数千具不同年代的遗骨,被戏称为"人口密度最大的地方"。几位年轻专家每天在实验室工作,都不会有害怕的感觉。

考古现场有没有令人害怕的事情呢?也有,那就是文物安全和人身安全问题。

在前些年，曾经有盗墓贼盯上了考古发掘现场，白天考古人员在现场工作时，盗墓贼就环伺四周，到了晚上就伺机而动。确实也曾经发生过考古现场晚上被盗的案件，这是大家最担心的事情之一。当然现在社会治安情况越来越好，各种监控和安防设备也更加完备，不会再出现这种情况。

人身安全的问题，也是大家一直担心的。考古现场发掘的深度少则几十厘米，深的可到十几米甚至更深。无论是发掘区意外垮塌，还是工作人员不小心摔倒，随时都会造成严重损伤甚至危及生命。还有一些正在发掘的区域，遇到雨季大量积水，形成很深的水坑。附近的村民尤其是小孩在玩耍过程中不小心掉进去，也会危及生命。这些情况以往都发生过，不仅给当事人家庭带来痛苦，也给考古工作造成很大影响。这应该是考古现场最令人害怕的事情。

因此考古现场的安全问题，一直是从考古领队到队员们都要重视的头等大事。各种安全标语提示牌、安全围栏，开工前的各种安全教育，平时的安全巡查等，一项都不能缺少。一直到发掘结束、现场回填或者移交给工程建设部门（或者移交给当地文物部门进行保护）之后，这根弦才能放松。

厕所也是考古学家的宝藏

除了考古新闻中常见的墓葬、灰坑、窖藏等埋藏较多文物的地方，古人留在地下的每一处痕迹、每一个碎片，都是考古学家的宝藏。当然也包括古人处理废弃物的地方，比如厕所。"厕所"二字听起来好像就有让人避之唯恐不及的感觉，但是古代厕所确实给我们带来了很多重要发现。

在甘肃省酒泉瓜州与敦煌之间的戈壁荒漠中，沉睡着一个汉代的古老驿站（古代供传递官府文书和军事情报的人或来往官员吃饭、住

悬泉置汉代厕所

宿和更换马匹的场所，相当于官方的招待所），距今已有2000多年历史，名叫悬泉置。

1990～1992年，考古学家对悬泉置遗址进行了艰苦的发掘，出土汉代简牍35000余枚，其中有字简牍23000余枚，也就是写着文字的竹片或者木片。相当一部分简牍都有明确的纪年，属于非常珍贵的历史材料。但令人意外的是，这些简牍并不是出土于这个官方"招待所"的办公区，而是出土于当时的厕所里。因为这些简牍被写完字、做完记录之后，又被当时的人们拿来二次利用，做什么呢——就是上完厕所之后清洁身体，通俗地说就是擦屁股，或者更准确地说叫刮屁股。在2000年前，人们可没有柔软的厕纸（纸张属于珍稀物品），更不可能用布这种珍贵的软质材料来擦除粪便，只能用竹片、木片这种硬物来刮。而在悬泉置这个沙漠地区，除了沙子就是石头，所以只能用使用完毕的竹简木牍来擦屁股。即便是地位较高的官员，也是用这个，只不过会在木片上缠绕一点丝绸，擦起来舒服一些。

知识拓展

一部著名的穿越题材电视剧《寻秦记》中就有这样的情节：男主角项少龙穿越到了秦朝，上完厕所要找纸，别人扔给他一堆竹片，他惊呆了。这个情节比较真实地还原了当时的情形。

在甘肃马圈湾汉代烽燧遗址中也有类似现象，在出土的简牍中，有些是和粪便样的东西混在一起的。正是这些厕所里的废弃物，有些上面还沾着干结的粪便，给我们留下了大量珍贵的历史信息。

除了文字之外，这些汉简上面干结的粪便也提供了重要信息。在第六章中"科技手段让土壤和骨骼'说话'"的内容里，将介绍考古学家从粪便里发现华支睾吸虫卵，并推判断出有一个来自南方的人路过这里并且在这里上了厕所的经过。

河南的内黄县三杨庄遗址也是一个汉代遗址，发现了多座被洪水淹没的农村院落。这些院落不是被冲毁的，而是被洪水慢慢泡塌的，因此基本结构保存得很完整。考古学家就在院子的西北角发现了当时砖砌的厕所，并且在二号庭院厕所便槽侧壁砖缝里发现了多种寄生虫遗存，其中包括钩虫的虫卵、杆状蚴、丝状蚴等。

洪水到来之后，沉积物封闭了寄生虫所在的环境。温度改变、空气隔绝使得这些寄生虫很快停止发育、死亡，所以它们的发育状态都被定格在洪水淹没的那一刻。根据钩虫的发育生长特点判断，发现的虫卵在体外发育时间应在 24 小时内。也就是说，在洪水淹没这里之前的 24 小时内，还有人在上厕所，并且排出了体内的钩虫卵。

对三杨庄遗址厕所的分析，不仅证实当时的居民至少存在一种寄生虫病，即钩虫病，并且证实洪水到来之前这个厕所一直在使用，最后一次使用是在淹没前 24 小时内。这些信息就为我们还原当时的生活状况提供了非常生动的信息。

通过这两个案例可以看到，厕所确实是考古学家的宝藏。但是，这样的

三杨庄遗址的汉代厕所

宝藏也是可遇而不可求的。虽然在汉代的文物中，厕所与猪圈合二为一的模型陶器非常普遍，河南永城芒砀山的西汉时期梁孝王王后墓葬中、江苏徐州狮子山楚王墓葬中也都发现厕所（并没有实用功能），但是在一百多年的中国考古史上，经过发掘能够明确证实为实用厕所的遗迹非常少。

除了上面列举的甘肃悬泉置、河南三杨庄遗址的厕所外，目前还有一处发掘证实存在实用厕所，其位于陕西秦汉栎阳城遗址。与前两处普通的旱厕不同，这个属于战国时期的厕所是冲水式厕所，形状已经很接近现在的冲水式马桶。这是中国历代都城考古中发现的唯一一例厕所类遗存，也是我国考古发现的第一个"冲水式"厕所，不仅反映了古代人在改善卫生条件方面的创造，也说明其使用者具有特殊身份。

如果谁在发掘中再发现一处确凿无疑的古代厕所，无论是几千年前还是几百年前，都将会是引人注目的重要发现。

第四章

考古学家是怎样工作的

在介绍完什么是考古、为什么要考古之后，现在进入比较关键的，也可能是大家最感兴趣的部分，怎样去考古，或者说考古学家是怎样开展工作的。

各种媒体上展示的考古工作，基本上都是在发掘现场发现各种珍贵的遗迹和文物。所以很多人都认为，考古工作就是发掘文物，更有人开玩笑说考古就是挖土。发掘文物、挖土确实是考古工作的重要内容，但只是其中的一个环节。发掘文物是考古，但考古不等于发掘文物。一个完整的考古工作流程，包括调查、勘探、发掘、修复保护、研究、展示6个步骤。只有发掘，不是完整的考古工作。考古人员有一套专业的操作规范，叫《田野考古工作规程》，详细规定了每个步骤需要做哪些工作、有哪些注意事项等，可以理解为考古操作手册。

初步侦察——调查文物

考古调查，就是发现可能有文物埋藏的地点，我们可以把这个环节叫作考古工作的初步侦察。

首先需要确定调查的区域或者线路。要么是某一个建设项目计划经过或者占用的区域，要么是对于解决某个学术问题很关键的区域。

确定了区域，找到合适的地图或者图纸，备齐调查所需的各种工具（手铲、日记本、GPS定位仪、指南针、探铲等），以及合脚耐磨的鞋子和防晒或防冻衣物，就可以开始工作了。

调查的区域如果在野外，调查的具体方法就是徒步。这项工作并不像野外徒步那么轻松，因为不能选择便利好走的道路，而是要直接覆盖工程区域——遇山翻山，遇水过河。工作人员面对的，可能是平坦的农田，可能是险峻的山坡，

调查遇到暴雪

可能是荆棘密布的树林，也可能是鸟语花香的桃林。冬天要面对寒风的考验，夏天要面对酷暑的磨炼，同时也得防蚊虫、防蛇，防着不知道什么时候会猛然窜出来的大狗、小狗。

大家按照既定的线路行走，眼睛盯着田地里或者路边，寻找是否有被翻到地面上来的陶片、墓砖等文物。找到一些线索之后，再选取地方进行勘探，看地下是否有古人活动留下的痕迹（关于勘探的工作参见 76～79 页），然后确定遗址点的位置，测定坐标，在地图上标注，同时采集标本、拍照、做记录。然后继续行走和寻找，直到把既定区域全部覆盖。

野外调查中，大家一般比较关注各种河沟、田坎或者断崖，因为这种地方的土壤已经被取走一部分，很容易暴露出下部埋藏的文物线索，也更容易发现文物。在这种地方发现线索之后，用手铲简单处理剖面，就能看出古代遗存埋藏的深度，幸运的话还能够判断出究竟是墓葬、遗址还是城墙。

考古调查在墙上发现墓砖　　　　断崖上的古代垃圾坑

考古调查中寻找线索，除了自己找之外，还有一种很重要的方法——问老乡。找到当地的老乡，问问大家在平时种地生产的过程中是否发现过砖头、瓦块，当地是否曾经有过大型的土堆，或者在浇地的时候是不是发现土地上塌了大坑等。有砖头、瓦块的话，说明这个地方很可能有古代遗址或墓葬；有大型土堆的话，说明这里可能是带封土的墓葬或者古代城墙；地里有塌陷的大坑，很可能下面有墓葬。这些都是发现文物的重要线索。

除了这些针对具体工程项目或者科研项目开展的小范围考古调查之外，国家还组织全国范围的文物普查工作。这种普查所用的方法跟一般的考古调查相似，但是覆盖的范围更广，相当于对全国的地下文物清点家底。对普查发现的文物点，会进行详细定位、登记，为后面的保护工作提供参考。❶

真实的考古调查远远不像徒步那么惬意，尤其是大型调查项目，可能要持续在野外奔走数月，对队员的精神和身体都是很严酷的考验。当然，有了重要收获，大家的辛苦也都很值得。

知识拓展

考古调查趣闻

一支考古队在野外跋涉了几周之后，每个队员都是风尘仆仆、一脸沧桑。经过一个村庄时，有一条护院的大狗挡住了考古队员的去路。主人出来拦住了狗，看着这群拄着拐杖、背着书包、满脸尘土的年轻人，感到很奇怪。队员们走过去时，最后一名队员听见主人跟自己的孩子说："你要好好读书，不然将来就跟他们一样到处流浪。"原来他把考古队员们当成流浪者了。

---

❶ 第一次全国文物普查于 1956 年开展。第四次全国文物普查于 2023 年 11 月起开展，预计 2026 年 6 月结束。

精确定位——勘探

开展考古调查工作时,可能在某块菜地或者一条水沟边上发现古代陶片或墓砖,但这只能说是发现了线索。为了给下一步的考古发掘工作提供更加准确的信息,需要进一步确认遗址或者墓葬的具体地点,同时要弄清楚它们的范围多大、埋藏多深。这是眼睛看不出来的,需要借助另一种方法——勘探。

考古勘探所用的工具叫探铲,大家更习惯叫它洛阳铲——因为最早是在洛阳发明的。这种工具的关键部分是一个半圆筒形金属铲头,

不同型号的洛阳铲铲头

带有白灰的土样

能够插入土中,并且把土带上来,以方便观察土壤的结构和包含物。铲头的后面是方便握持的长杆,根据实际需要,这个杆可以任意加长。有经验的考古学家根据探铲带上来的土,能够判断出地下是否有古人活动的痕迹,是否有古墓葬或者古遗址,甚至能够判断出它们的年代。

知识拓展

洛阳铲

　　洛阳铲被人们所熟知,是因为它被视为盗墓贼的主要工具,也叫"盗墓神器",经常与盗墓活动联系起来。传说这种工具是民国时期洛阳马坡村的村民李鸭子发明的,最初用来挖土,后来被盗墓贼用来寻找墓葬,现在不仅是考古的工具之一,各种基建工程也在使用,但是铲头的型号完全不同。

考古勘探也不是随意去探，在长期的工作中，考古学家积累了丰富的经验，将勘探工作分为普通勘探和重点勘探两种类型。普通勘探，是指在 1 平方米的范围内探 5 个孔，即在一个边长为 1 米的正方形四角和正中各探一个孔。这种也叫"梅花孔"，能够确保不漏掉地下埋藏的文物线索。

普通勘探发现的某些重点遗迹，比如古墓葬、古城墙等，需要补充勘探一些位置来进一步弄清它们的形状和范围，这就是重点勘探了。重点勘探的布孔方式没有严格要求，根据具体遗迹的情况，由考古人员自行决定在原有的"梅花孔"中间再添加探孔。重点勘探之后，地下文物埋藏的具体情况就比较清晰了。根据这些信息，下一步的考古发掘工作就能够制订详细的工作计划：在什么地方开展，要发掘多少深度，大概需要多少经费和时间等。

勘探出来的土样

利用洛阳铲来勘探并发现地下文物线索，是中国考古的一个特色。国外的考古勘探方法完全不同，一般不用这种工具，我们会在后面的文章中专门介绍。近年来，随着中国考古学家走出国门开展考古工作，利用洛阳铲勘探的方法也被介绍到了国外。在中国和乌兹别克斯坦的联合考古项目中，乌兹别克斯坦考古人员就学会了这种技术。

考古勘探这种技术，看起来很简单——把探铲扎到土里，再拔出来就行。实际操作过程需要非常多的技巧。对于技术不熟练的初学者，上手半小时之后，手上就得磨出血泡。更大的困难在后面，要么带不上来土，要么探孔不圆很难打下去，要么探孔打歪了，后面很难继续……这是一项需要长期锻炼才能掌握的技术。熟练的勘探技术人员，能够把一个直径几厘米的小孔打到几十米深度，而且是用加长软竹竿作为握杆，这就非常考验技术了。

知识拓展

勘探技师

考古勘探由专业的技术人员完成。考古学家们虽然都会一些勘探技术，但是技术都不太好。大规模的勘探工作都需要聘请专业的勘探技师做外援。

勘探机械

随着科技的进步，传统的勘探手段也得到了机械辅助，还有地方发明了专门的勘探机械。机械只能让人更省力，辨认土样和记录还是需要人来完成。还有一些地球物理科学手段被用到了勘探中，比如电阻法、探地雷达法等，这些技术能实现无损勘探，不会对地下文物有任何破坏性影响。但是这些技术在现实的操作中仍然有不少局限性。

揭露历史真相——发掘

确定了文物埋藏地点，勘探确认了分布范围和深度，接下来就进入了大家最熟知的一个环节：发掘。该环节就是仔细揭开或深或浅的土层（打破古代和现代之间的那堵墙），露出地下文物的真实面貌，揭露历史真相。这个过程看起来很简单，操作起来并不简单——不是拿起铲子挖下去，再把文物拿出来就行，实际操作中，要细分为布方、发掘、测量记录、遗物收集等步骤。

布　方

"布方"这个词看起来很奇怪，它是布设探方的简称。探方，是考古发掘中划分的发掘单位，在现场看就是一个个规则的方格。

前期工作确定了计划发掘的区域之后，为了方便记录各种遗迹遗物的具体位置，考古人员首先要把这个区域划分成规则的正方格（一般是长、宽各10米或者5米，旧石器遗址发掘一般用1米×1米的规格），每一个方格叫一个探方。探方一般都是正南北方向。经常会有人问，考古现场那些很整齐的小格子是不是古人留下来的，答案是，这

在发掘区布设探方

些不是古人留下来的,是考古人员为划分任务、方便测量记录设置的。

在发掘过程中,每个负责一个或者几个探方工作的考古人员,一般被称为"方长"。后来大家觉得这个称呼不太好听,于是改为"探长"。

在发掘区附近选择一个永久坐标点或者测量基点,测量出它的经纬度坐标,然后再测量其中一个探方西南角跟这个坐标的相对位置。这样所有其他探方的位置也能够准确标示出来了。给探方编号时,为了便于书写记录,一般把探方简写成T,然后各个探方分别编成T1、T2、T3等,表示1号、2号、3号探方。这种编号比较简便,但是容易混淆,不知道1号、2号和3号探方都在什么位置。

> ### 知识拓展
>
> #### 永久坐标点
>
> 一般永久坐标点要选择比较固定、容易辨认、并且可以长期保存的点，比如某栋房屋的某个墙角、某根电线杆等。如果选择一棵树或者一块石头，很可能过几个月就没了，后面的人就没法找到这个位置。当然随着测量手段的进步，现在的发掘一般不再选取永久坐标点，而是直接测量探方西南角的经纬度坐标。

后来为了能够从编号上一眼看出探方的相对位置，采取了象限法编号。从选择的永久坐标点开始，向东为 E（east 缩写），向西为 W（west），向南为 S（south 缩写），向北为 N（north 缩写），然后再根据探方的位置坐标编号。比如 TW01N00，表示从永久坐标点开始，向西的第一个探方；TW05N05，表示向西第五、向北第五个探方。用两个坐标就确定了探方的相对位置，便于参考。

> ### 知识拓展
>
> #### 隔梁
>
> 隔梁虽然只有 1 米宽，下面也可能有重要文物。比如在南水北调工程许昌段一个考古项目中，一件罕见的钧瓷梅瓶正好埋藏在划定的隔梁下面。如果不是因为清理隔梁，就会漏掉一个重要发现。

在发掘区域划定的探方，一般会用线绳或者白灰标出来，发掘的时候严格按照这个边界去操作。每个探方的东边和北边都要各留下一个 1 米宽的区域——叫作隔梁——暂时不发掘，便于大家来回行走，同时也便于观察剖面和测量。但是在发掘结束之后，这些隔梁要清理掉，防止下面有埋藏的文物。

发　掘

发掘的第一步叫清表，也就是清理地表，包括地表的各类植物根茎、垃圾、废弃物，以及农田耕作形成的浅层土层（也有地方叫耕土）。表土中间可能会有一些地下文物因为耕作等活动被翻上来，所以也要仔细观察。这一步具体清理深度根据各地实际情况有所不同，有的清表深度只有十几厘米，有的可能要一米甚至更深（比如有大量建筑垃圾的地方）。

清掉表土之后，就进入了年代最晚的古代文化层，也就是距离我们最近的古代人活动形成的地层。这些地层中间可能有各种遗迹，比如灰坑（古代的垃圾坑，因为里面的土壤一般颜色发灰，所以称为灰坑）、墓葬、房屋等，也可能有各种遗物，比如破碎的陶罐、植物种子、吃剩下的动物骨骼、各种工具等。这个时候就需要非常仔细地观察，对每一件遗物和每一处遗迹仔细清理和记录。

表土层清理完毕后的发掘现场

古代的垃圾坑、房屋、墓葬等，经过千百年的埋藏，早就不是原来的模样。尤其是房屋墓葬等，早就成了废墟，没有任何标记。那么，它们是怎样被发现的呢？这就要靠考古学家的独门绝技——辨认土质土色。

受自然环境和人类活动的影响，同一个地方，不同深度的土层在颜色和包含物特征（比如颗粒大小，有没有石块、沙子等）方面都有明显差别（可以去河岸或者断崖边上观察一下）。简单地说，一个地方不同深度的土层就像千层蛋糕一样，每一层都有自己的特点。

在古代的某一个时间，有人在某个地方挖了一个墓坑，将死者葬进去，然后用土填埋。在挖土、填埋的过程中，不同颜色和结构的土层被混在一起，形成了新的特征，与墓坑四周的原始土层有了明显差别。即使过去数千年，这种差异依然会保存下来。这种回填到墓坑里的土，因为颜色和包含物被重新混合了一遍，形成了比较杂乱的特点，被考古学家称为花土或者五花土（有五花肉那样的特征纹路）。考古学家通过分析探方内土壤的特征，判断出哪些是原生土层，哪些是被挖出来又回填的土，就能发现古代墓葬的位置。

不同的古代活动对土壤的影响不一样，会留下不同的痕迹特征。比如，古代的垃圾坑因为被填进去各种废弃物，土壤颜色会比较深（发灰）。古代的城墙都是用土一层层夯实堆积起来，被不断夯打的土壤里就会有像千层饼一样的薄片，并且十分干燥（吸水性降低），这就是夯土。在没有水泥路的古代，人们长期行走的道路上也会形成这样的一层层薄片，但是这些薄片往往颜色很深，还夹杂有碎石子之类的小颗粒（脚底下带的各种杂物），这就是路土。土壤里如果发现有红色烧土颗粒或者黑色炭灰，显然曾经有过跟火相关的活动，那毫无疑问附近有古代村落之类的居住地。如果发现有白灰或者碎砖块，很有可能是汉代之后的墓葬或者房屋，因为砖砌墓葬在汉代之后才大量出现……

通过辨认土质、土色的差别，考古学家就能准确找到几千年前的古代遗存，并且判断出它们的性质（墓葬、城墙还是道路等），这是考古学家通过长期实践积累下来的宝贵经验。

要注意的是，因为古代人的生活毕竟距离我们太遥远，考古学家也不可能完全准确地判断出每一个古代遗存的作用。

按照从上到下、从晚到早的顺序（根据地层学原理，最上面的地层年代最晚，越往下越早），考古学家把每个探方里有人类活动痕迹的土层逐层清理干净，一直到最底部没有人类活动痕迹的土层，即考古学上说的生土，发掘的过程就结束了。

发掘现场

发掘过程持续的时间也跟探方里文化层的深度有直接关系——文化层有几十厘米深，可能一两个月就发掘完毕；文化层深度要是达好几米，那就得花几年时间去发掘。具体每一天的发掘深度也不是能够估测的，要根据各层遗迹、遗物的复杂程度来判断。遇到复杂的情况，需要仔细去判断、研究，还要请不同专家来研讨指导，也许一个月只能发掘几厘米深度。

测量记录

发掘过程中，除了清理各种遗迹、提取文物之外，还需要有很细致复杂的测量记录工作。任何考古遗迹都是不可再生的——个灰坑、一座墓葬或一座房屋被从土壤里发掘出来，清理完毕，就已经失去了本来的状态，结构就遭到了破坏。为了能够以另一种形式将它们长久保存下来，就需要通过各种手段详细记录它们的信息。

首先是测量。除了在发掘之前测量工地的地形、坐标、高程等数据，绘制工地位置图和地形图之外，对于具体文物和遗迹还要测量出位置，埋藏深度、长度、宽度等关键信息。其次是记录。通过摄影、摄像、三维扫描、文字记录等手段全面记录各种测量信息，以及其他所有在现场能看到的信息：相对位置、形状、填土的颜色结构、土壤里面的包含物特征、不同深度的土壤结构、里面出土文物的名称、质地、数量等。越详细的记录，对于后续的研究就越有帮助。所以，考古学家在现场都是尽最大努力记录所有可以观察到的信息，因为这些遗迹一旦被发掘之后，就永远消失了。

知识拓展

编 号

在记录之前,首先要给遗迹一个编号。在考古现场,工作人员会对不同探方里发现的遗迹进行统一编号,为了便于书写记录,都会用简称,比如墓葬M、灰坑H、道路L、房屋F、水井J等。名称编写的顺序是发掘年代、遗址名称和探方号缩写,最后是遗迹编号。例如12AGTW21N11G2,表示2012年发掘的安阳高陵遗址探方W21N11中,编号为G2的一条沟。这串字母和数字混合的"密码",相当于遗迹的身份证号,乍一看会让很多人一头雾水,了解了编号规则之后,就一目了然了。

在同一个遗址上,同一类遗迹(比如墓葬)的编号顺序,只能代表它们被发现的顺序,并不代表其年代早晚。

遗物上的编号

每一个考古项目的文字记录主要分为两大类:日记和记录。日记是记录每天的工作情况,包括发掘进度、遗迹现象、出土文物等。其中,项目负责人要写工地的总日记,记录考古工地的所有事情;每个探方或者墓葬的负责人要详细记录自己所负责区域每天的工作内容。

记录是有固定格式和要求的项目描述,在项目结束之后根据日记整理出来。项目负责人写考古工地的总记录(包括地点、发掘原因、发掘时间、布方情况、地层情况、遗迹现象、出土文物等),相当于一个总的回顾。具体到各个探方还有探方记录,回顾各探方的发掘情况;

每个遗迹单位（一座墓葬、一个灰坑、一个水井等）还有单项记录，详细写出这个遗迹的发掘情况，出土文物还要列出登记表。当然，这些文字记录也都需要配合相应的图纸记录，考古遗迹的绘图也都有相对固定的格式要求。

　　一份完整的考古项目文字资料包括总日记、总记录、探方日记、探方记录、单项遗迹记录等。配套的图纸资料包括工地总平面图、探方总平面图、探方分层平面图、四壁剖面图、单项遗迹的平剖面图等。一个大型的考古项目完成之后，光这些文字和图纸资料就能装满几个大书柜。因为现在数码照相技术的普及，至少可以不用再冲洗照片和存胶卷，一个硬盘就能存下工地所有影像资料。

> **知识拓展**
>
> ### 记录工作
>
> 　　田野考古工作不仅现场发掘很忙碌，记录工作也不能少。日记一般要求在现场完成，各类记录都是在办公室加班整理完成。工作量的多少取决于遗迹的多少。一个探方中如果遗迹非常丰富，那么探长经常得写到深夜。这项工作别人不能替代或者帮忙，因为具体的情况只有他自己清楚。虽然现在有了电脑，手写笔记资料仍然不能少。

遗物收集

　　这些古代遗迹，比如墓葬、废弃的房屋等，会有各种遗物，比如石器、陶器、玉器、青铜器等。这些都是大家经常在博物馆看到的文物，也是考古现场首先要收集的对象。然而，考古学家关注的文物可不止这些，土壤中那些不易被眼睛发现的炭化植物种子、小动物骨骼等，在研究价值上可能比青铜器和玉器更重要，因为它们能够提供古代人生活的环境信息、农业生产信息、家畜饲养信息等。这些细小的文物需要通过对土壤进行再处理，比如浮选、筛选等，才能被发现。因此，考古发掘出来的土壤也是很珍贵的，不能随意丢弃。而有些土壤本身，也是环境考古的基本材料，属于重要文物。

每一件文物在提取之前，要给予一个编号，相当于文物的身份证号码。通过这个编号能够看出文物出土的年代、遗址名称、所属遗迹单位等。

有了编号之后，接下来是填写器物登记卡，也叫标签。这张小卡片上会记录更加详细的内容，包括发掘单位（考古研究院所或者考古队的名称）、遗址名称（用汉字书写的详细名称）、出土时间、发掘者、器物名称、器物材质、数量、出土位置及详细坐

出土遗物标签

标等。填写完毕的器物标签此后要随着文物一起，无论是在库房、实验室，还是在博物馆展厅里。另外，为了防止在转运过程中标签遗落，这个编号会以不褪色的颜料书写在器物上不显眼的地方（一般是底部或者口沿内部）。大家到博物馆看文物的时候可以留心一下。

最初，器物标签都是纸质的，为了防止受潮或者损坏，外面会加一个小的密封袋。同时为了便于观察，标签都是一式两份，这样在观察或者登记时就不用再去翻开，无论从哪一面都能看到。这是田野考

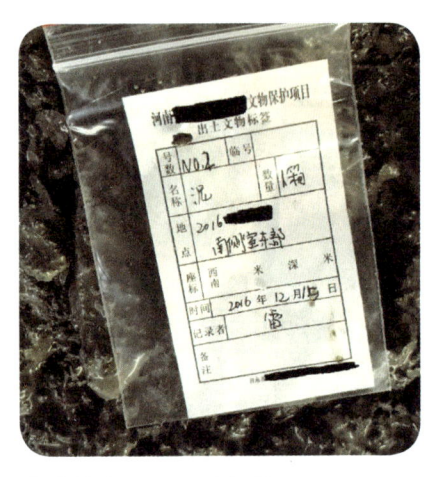

某遗址出土泥土的标签

古记录的一个小技巧。在实际操作中使用纸质的标签和塑料密封袋,还是会存在各种问题。一是操作麻烦,尤其是在出土文物很多、时间比较紧张时;二是如果密封袋不严,进水了,标签会损坏得更快。现在已经有了防水耐撕材质的标签,有效解决了这些问题。

有了编号,写完标签,遗物就该"搬家"了。"搬家"操作起来并不简单,考古人员要根据文物的材质和保存状况,为现场的文物制定不同的"搬家"方案。

保存比较好的陶器、瓷器、青铜器等大件,可以直接运走(跟标签一起)。保存较差或者已经破碎的文物,要用专门的盒子或者箱子加固之后转运,防止运输中再次受损。已经脱落的碎片要与本体和标签放在一起,便于后期修复。特殊质地的文物,比如漆木器、丝织物等,需要专业保护人员在现场加固处理再转运。而小件文物,比如石器、玉器、骨器等,需要放在专门的小盒子里,防止与大件文物一起运输时遗落或者受损。

为了后续研究提取的土样、骨骼样本等,一般会用专门的盒子或者袋子把土样包装起来,送到科技考古的实验室。

还有一些大型文物,比如重要的墓葬、陶窑、房屋等,也需要收集。一般采取两种方式:整体搬运、异地保护,或者原址保护。

在这一系列流程之后,考古发掘环节结束。文物清理完毕之后的

搬运大型遗迹

考古现场，会有两种处理方式。经过专家论证，认为可以进行建设工程的，就移交给建设单位开始建设，这个遗址就永远消失，被道路或者房屋替代。专家论证认为特别重要、需要原址保护的，就要开始保护规划，采取合适的方式永久保护下来，常见的一种方式是就地建设遗址博物馆。

之所以详细介绍考古发掘的过程，是想告诉读者，田野发掘并不是简单地挖开土壤拿出文物，而是一项有着详细操作规范的系统工作。每一件文物的出土，背后都饱含考古工作人员的汗水。

给文物"看病"——修复保护

大家在博物馆看到的文物基本上都是完整的,但是考古发掘出土的文物并不都是这样。绝大部分文物,因为在成百上千年的埋藏时间中受到各种外力影响,或者由于本身材质的老化,受到了不同程度的损坏。文物在进入博物馆或者库房之前,需要经过一个修复保护的程序。我们可以把这项工作比喻成给文物看病。

修复,是指把破碎的文物拼对,黏结固定,再把缺损的部分用其他材质补起来。不同材质的文物,采取的修复方式和材料都不同。

知识拓展

文物修复

1980年11月,秦始皇陵陪葬区域发掘出土两乘铜车马。当时一号车损坏情况最为严重,残破成1325块,断口2069个,缺失473处。二号车出土时损坏状况也相当严重,残破成1685块,断口2244个,缺失316处,裂缝55处。两辆车的修复都分别经历了多年时间,才成为我们现在看到的样子。

据专家介绍,三星堆近年发掘出土的文物要全部完成修复,可能需要10年或者更长时间。

等待拼对的陶片

　　墓葬里出土的文物修复工作相对容易一些，虽然个别器物已经破碎，但是碎块一般都在附近，拼对比较简单。遗址出土的文物的修复比较复杂，碎片可能散落在几米甚至几十米范围内，需要从成百上千的碎片中一个个去拼对，跟拼图游戏一样。这是一项非常烦琐且枯燥的工作，也许在成堆的陶片中摸索几周几月，能够拼对出半个陶罐，甚至只能对上一两块陶片，完全不能复原器物的本来面貌。

　　陶瓷器容易破碎，可能碎成很小的片，很难拼对修复。青铜器或者铁器不仅会碎，还会变形，修复起来更

青铜器修复前

青铜器修复后

093

不容易（变形让基础的拼对更加困难）。因此，大家在博物馆看到的大部分文物背后都饱含着修复人员的辛苦付出。

保护，是指对特殊材质的文物加上一些保护手段，避免后期在保存过程中再次受损。比较典型的就是青铜器、铁器等金属器物，因为脱离了原始保存环境，在温度、湿度、微生物等条件发生了变化的新环境中，极容易生锈。如果不加以保护，铜锈或者铁锈会逐渐腐蚀器物本体，最后导致文物本体完全被锈所吞噬，只剩下一堆粉末。因此需要采取一些物理和化学手段，防止继续生锈。漆木器、织物等有机质文物也容易受到温度、湿度和微生物的影响，如果不加以保护处理，更容易损坏。陶器、瓷器或者石器这类无机质文物相对来说受环境影响较小，一般不需要特别的保护措施。

文物修复保护工作是一项完全的幕后工作，多年来一直不为大家所关注。随着《我在故宫修文物》等纪录片的播出，这项工作开始进入大家的视野。已经有多位文物保护修复专业人员被评为"大国工匠"，他们作出的贡献得到了国家认可。

文物修复和保护与考古是不同的行业。考古人员都能够从事一般的器物拼对和简单修复工作，但是复杂器物的修复（尤其是青铜器、铁器、丝织物等）都需要由专门从事这个行业的人员来进行。文物保护行业需要有具备物理、化学、生物、材料等专业背景的人员。这些人员经常与考古队员一起工作，现在的博物馆或者考古机构都有专门的修复保护队伍或者部门。

挖掘文物背后的信息——研究

考古工作的目的，不只是为了发掘文物、避免文物被施工建设或者其他活动破坏，或者为博物馆提供展品，更重要的是对文物本身开展研究，了解文物所承载的历史、科学和文化价值。说到考古研究，你的脑海中是不是马上浮现出一幅画面：一位白发苍苍的考古学家，拿着放大镜对着桌子上的一件文物仔细观察——这是在影视剧中经常见到的场景，真实的考古研究差不多也是这样，不过要更加复杂。

首先是研究的内容和对象。出土文物毫无疑问是考古研究的重要内容，那么到底研究文物的哪些方面呢？对文物的研究，大的层面包括文物出土的遗址地理位置，文物所在年代的气候环境、人们的生活状况等，小的层面包括文物本身的材质、工艺、制造技术、原料来源、形态特征、装饰艺术及其背后所包含的思想意识等，都是考古研究的内容。研究的对象，除了文物本身之外，也包括埋藏文物的土壤、土壤里的炭化植物遗存、动物骨骼、文物使用者的骨骼遗存、文物本身的原材料，以及当时可能存在的文字记录等。

一件文物的年代确定之后，可以开展的研究包括当时的气候、环境、生业模式（农业、渔猎采集或者畜牧业）、人群健康、居住和交通方式、食物结构、手工业生产、商业贸易、文化交流、人口迁移等，还有更多的研究领域也在不断被发掘出来。

其次是开展研究的方法和队伍。考古研究不是单纯拿着放大镜去观察文物就能够完成的，涉及多种学科和技术的综合运用；开展研究的人员也不只是白发苍苍的教授，也有很多年轻有活力的青年考古学家。以年代研究为例，这是考古研究的基础工作之一，除了根据文物本身的形态特征，借助考古类型学方法推断其年代之外，现在还可以用碳十四测年、热释光测年、光释光测年、钾氩测年法等多种手段来测定不同质地文物的年代。没有哪一个考古学家能够同时掌握这些方法，也没有哪个考古机构同时拥有这些工作所需的设备，因此这些工作就需要联合世界各地、不同学科的科学家来开展。

知识拓展

考古类型学

考古类型学与考古地层学并称考古学的两大基本方法，是指根据器物的形态特征来推断其演变规律，建立器物的年代框架，然后在新的器物出现之后，就可以根据这个年代框架来推测其所处年代。

最后是考古研究的成果。发掘出土的文物，是考古工作的成果，但不是考古研究的成果。考古研究的成果是要把对这些文物的认识变成文字，经过同行专家评阅，然后发表出来。因此，研究成果一般指公开发表的文章或者出版的图书：一类是考古简报或者报告，目的是详细公布已经发掘的遗迹和文物信息，并对遗迹、遗物的年代等信息做出初步判断；另一类是研究文章或者专著，是就某一个或者某几个问题开展深入研究并提出自己的看法。

> **知识拓展**
>
> **简　报**
>
> 简报和报告的差别体现在体量上。简报就是一篇文章，用于公布一个大型遗址的发掘简况，或者其中几座墓葬的信息。报告则是厚厚的一本或者几本书，能把一个考古项目的所有发现全部详细公布。

考古研究的成果，以往都是发表在专业的学术期刊上，出版的专著发行量极少，一般限于业内交流分享，公众很少能够看到或者了解到。同时由于专业术语很多，普通公众即使看到了，也难以看懂。因此造成了考古研究知识与公众之间的隔阂。近年来，考古学家们开始意识到这个问题，并且建立了一个新的学科方向叫公众考古，专门研究怎样将考古研究成果用大家容易接受的方式表达出来。

现在开展的公众考古活动，包括考古研学、考古现场参观、考古进校园等。同时，越来越多的考古专业人士开始撰写科普文章和图书，制作科普视频，来宣传考古研究成果。

文物重见天日——展示

考古工作的最后一个环节，就是要把成果展示给公众，让大家亲眼看到辉煌灿烂的优秀文化遗产。考古成果展示的最重要场所，大家肯定不会陌生，就是博物馆。

文物从发掘出土，经历保护修复和研究之后再进入博物馆，这个过程不是单单把文物搬到博物馆那么简单。在进入博物馆之前，需要请专门的陈展设计团队进行展览设计，选取最优的方式来展现文物的内涵，同时还要为不同材质的文物设置合适的展览环境。比如有的文物需要恒温恒湿环境，需要特制展柜；有的文物对光线敏感，对展厅的灯光也需要进行专门设计；在地震高发的地区还要考虑防震等。

陈展设计也是一个专门的行业，不仅需要有历史文物相关知识，还需要懂得设计。文物布置的灯光、密度、高低，展览的顺序（观展路线）、辅助展览手段（图画、文字、多媒体等）都会影响到展览效果。现在越来越多的考古工作人员也参与到展览设计中，将考古研究的成果加到展示内容里，最大效果地展现出文物所承载的历史、科学和艺术价值。

除了博物馆之外，还有一种重要的展示场所——遗址现场，也就是现场展示。对于特别重要的遗址，比如殷墟、三星堆、秦始皇陵兵马俑、海昏侯墓、曹操墓等，人们在遗址现场建起了博物馆，不仅展出重要文物，也展出遗迹本身。在遗址博物馆现场，参观者能够更加真切地感受到当时的历史环境。

传统的博物馆一般只展示精品文物，遗址博物馆除了展示文物之外，还展示文物出土的环境和遗迹本身。近些年又出现一种新类型的博物馆，叫考古博物馆。考古博物馆是考古学科专题博物馆，更加注重文物与出土背景的结合，介绍考古发现和研究的过程、工作方法，从考古的角度解读文物与遗址。

知识拓展

考古博物馆

陕西考古博物馆是中国第一家考古博物馆，于2022年建成开放。中国最大的考古博物馆位于北京，是2023年建成开放的中国考古博物馆。

陕西考古博物馆

中国考古博物馆

    本章介绍的考古工作 6 个步骤，是最理想状况下的考古工作过程。实际的考古工作中，不一定每个项目都会完全具备这 6 步。比如有的考古项目只开展调查工作，调查的成果就是研究材料，不需要勘探发掘，因此也不会有修复保护，更没有文物展示。有的抢救性发掘项目，到了现场就直接针对被破坏的遗迹进行考古，不需要调查和勘探。而考古出土的文物中，只有极少部分精品有机会进入博物馆与大家见面，绝大部分重复较多的文物只能存放在库房中。

考古工具大揭秘

讲完了考古工作的流程，还有一个内容不能漏掉，那就是考古工具。考古学家到底用什么来考古？前面讲调查和勘探时分别提到了一些工具，那么考古发掘的工具一般有哪些呢？这些工具其实并不神秘。

考古发掘的最基本工具就是手铲，也就是用手握住使用的小铲子，用来把平面刮平整、刮干净，辨识土质、土色的区别，同时在发掘中一点点剔除土层。我们经常说，考古是"手铲释天书"，考古学家用一把小铲子来释读土壤里的"无字天书"。因此手铲才是真正的"考古神器"。

不同形态的手铲

看了图片之后大家可能会觉得，原来就是这么简单的一把小铲子。确实，它的结构并不复杂，跟建筑工地上用于抹水泥的铲子一样。但这把小铲子很有讲究，有各种不同形状，一般分为平头铲和尖头铲两种：平头铲用于刮面，尖头铲便于剔土。

知识拓展

手 铲

美国一个著名的手铲品牌叫Marshalltown。这家公司的主营就是建筑工地泥水铲，考古手铲只是其业务的一小部分。早年中国考古学家都以拥有一把Marshalltown手铲为荣（很贵），但现在已很少有人使用了。

外国的考古手铲

大家比较外国手铲和中国现在常用的手铲就能发现，两者最大的一个区别在于铲子外缘接近握柄的位置。外国手铲的这个部位是尖的或者圆的，在实践中，中国学者发现这个部分很容易磨伤食指的根部，因为这个地方要握紧使劲。尤其是在土壤比较坚实的遗址，或者土壤中包含有石子的遗址中，用这种手铲不一会儿食指根部就会被磨出水泡。中国学者对此进行了改进，将这个部位弯折了一下，使用起来就不会再磨手了。我们在早年的田野考古中被这种老式手铲伤害得可不轻，现在全国各地考古现场大多都使用这种改良过的折边手铲。

除了手铲几乎达到全国统一之外，其余的挖土工具都是因地制宜，有的用三齿小铁耙，有的用小锄头或者铁锹，都是当地最常见的工具，各地的风格也是千差万别。但是，挖掘机这种机械挖土设备，只能在清理地表建筑垃圾的时候使用，考古发掘过程中是不能使用的。

挖出来的土怎么运出去，也是考古工地需要解决的问题，所用的工具也是风格各异。目前最流行的是独轮小推车，可以方便在探方隔梁上行走。推独轮小车也是个技术活，需要经过一段时间的练习才能安全地在1米宽的隔梁上自由穿行。南方有的考古工地用簸箕或者藤筐挑土。

运土的独轮车

大型的考古工地，出土量比较大或者发掘比较深，无法使用小推车等工具时，现在也开始因地制宜安装机械传送带。工人只需要把土放到传送带上，就自动传输到外面指定的地点。对于地点比较狭窄、深度又比较大的墓葬发掘，还可以使用一种小型的电动吊机，将下面的土直接吊上来再运走。各地考古学家为了解决运土问题，都是充分发挥想象力，尽量选取当地最便利、成本最低的工具。

吉林大学的考古学家们甚至开始测试一种无人驾驶运输车，以专

运土的传送带　　　　　　　　　　　　吊机运土

门用于考古工地运土。测试成功之后，探方中挖出来的渣土不再用人力推走，用手机 App 一键呼叫，无人车就可以自动运走，并倒在指定地点。这听起来是不是有点科幻色彩？我们也希望这种设备能够早日测试成功并投入使用。

发掘过程中的测量和摄影记录也是很关键的环节。传统的测量工具包括钢卷尺、皮尺、水平尺、三角板、罗盘、水平仪等。后来逐渐发展到全站仪、RTK（实时动态载波相位差分技术）等现代化设备，不仅便于操作，还准确。

摄影常用的相机随着技术的进步而逐渐更新，比如最初用机械相机、胶卷，现在都是最新款数码相机。这里想给大家介绍的是高空摄影装备。对于每个遗址，考古人员都要给它拍摄一个全景，也就是高空照。早年对考古现场拍摄高空照片真是太难了——靠近城市的地方，能够找到升降机或者挖掘机是最好的（工作人员站在机器的臂上拍）；远离城市的地方就只能爬梯子或者自己搭建摄影架，不仅危险，效果也受限制。把相机挂在氢气球上来拍摄高空照曾经很流行，但是需要

高空摄影手段的进步

105

很多人一起拉住气球，否则一不小心气球就带着相机一起飞走了（这样的事故曾经发生过）。随着无人机的普及，高空摄影不再是难事。考古现场的全景可以用无人机全角度、多高度地进行任意拍摄，操作既安全，效果也很棒。

除了这些现场使用的发掘、测量、记录工具之外，实验室里用于研究和保护的各种设备更加高端，常见的有显微镜、三维扫描仪、扫描电镜、离心机等，大家在各种物理和化学实验室见到的设备，考古实验室也能见到。现在有些考古机构还配备了考古车，装载着各种大型设备，随时准备奔赴考古工地解决现场的保护问题。

随着科技的发展，虽然调查、勘探、摄影、测量等设备有了翻天覆地的变化，使用起来更加快捷、准确和方便，但是迄今为止，还没有人尝试用现代设备来进行考古发掘工作。所以实际发掘中所用的工具，一百多年来并没有发生太大变化。识别土质土色、清理不同层位的土壤等工作，还得靠双手来完成。因此，有人开玩笑说，AI（人工智能）的发展可能取代大部分人类的工作，但是不可能取代考古学家的工作。

帝王陵墓不主动发掘

关于秦始皇陵，大家熟知的兵马俑、铜车马等重要文物都是在其陪葬坑里发现的，并不是秦始皇陵里的文物。很多人问，这些文物都如此令人震撼，秦始皇陵里面不知道还有多少惊为天人的文物，为什么不发掘呢？也有传说王羲之的《兰亭序》真迹葬在武则天与唐高宗李治合葬的乾陵中，书法爱好者都期待一睹真容，为什么不发掘呢？

"不主动发掘帝王陵墓"是中国考古的一个理念，这个文物保护理念的形成，是建立在20世纪50年代明代定陵发掘的惨痛教训之上。

位于北京市昌平区的定陵，是明朝万历皇帝朱翊钧与两位皇后合葬的陵墓。1956年至1958年，考古学家对其进行了考古发掘，这是中国考古学家主动发掘的第一座帝王陵墓。由于当时科技保护手段的落后，大量的文物在出土之后都遭到严重破坏，造成严重损失，成为中国考古学史上的一个惨痛教训。

1997年，国务院发布《关于加强和改善文物工作的通知》，首次明确规定"由于文物保护方面的科学技术、手段等条件尚不具备，对大型帝王陵寝，暂不进行主动发掘"。

前些年发掘的安阳曹操墓、江西海昏侯墓，最近公布的安徽淮南武王墩墓（楚考烈王墓）等都属于帝王陵墓，都是因为被盗之后采取的抢救性发掘。并且这些陵墓在发掘之前都没有确定墓主身份，是发掘之后才确定属于帝王陵墓。江苏省扬州市邗江区隋炀帝杨广的墓葬则是因为在房地产开发建设时被发现的。这些都不是主动发掘。

也有人说，现在的科技手段比20世纪50年代肯定进步太多，比1997年也要进步很多，是不是可以主动发掘一座帝王陵墓，避免出现被盗之后再去抢救发掘的尴尬局面呢？

我个人认为，第一，现在的科技手段确实进步了，但不能保证完全可以满足帝王陵墓出土文物保护的需要——文物保护没有试错的空间，一旦失败，这些珍贵文物就彻底消失了。第二，现在已经明确的帝王陵墓都是中国历史的见证，承载着丰富的历史和文化信息，让它们保留在原位本身就是一种很好的展示，留在地下也是最好的保护。第三，现在已经明确的帝王陵墓都已经被列入各级别保护单位，文物安保措施也越来越完备，被盗掘破坏的可能性越来越小。

所以，对于见证了中国不同年代历史的帝王陵墓，无论里面有多少秘密，还是让它们暂时在地下得到最好的保护吧。

考古遗址和文化的命名

仰韶村遗址、三星堆遗址、二里头遗址、殷墟遗址……这些考古遗址的名称大家应该都不陌生，那么考古遗址的命名规则是什么呢？

国际考古学界现在通行的规则，一般都是以遗址所在的最小地点来命名。比如仰韶村遗址，是中国第一个考古发掘的遗址，位于河南省三门峡市渑池县仰韶村。三星堆遗址，是因为遗址最主要的考古工作和最重要的考古发现都集中在广汉市当地人称作"三星堆"的土丘周围。二里头遗址，是因为其位于洛阳偃师翟镇的二里头村。而殷墟遗址的得名则有些不同，古代人知道这个地方是殷商都城的废墟，所以称为殷墟。这个名字在古代文献中就有记载，现代考古学继续沿用。国外有些遗址是以发现者的名字来命名的。

以小地名给遗址命名也有很不方便的地方，因为小地名（比如村庄等）会有重名的情况。为了避免混淆，一般会在

> **知识拓展**
>
> **遗址的命名**
>
> 中肯联合考古队在肯尼亚发掘的一个旧石器时代遗址叫吉门基石遗址。吉门基石实际上是当地发现这个遗址的人名字的音译。

遗址名称前面再加上较大一点的县级地名，如偃师二里头、广汉三星堆、舞阳贾湖等。

关于墓葬的名称，如果能够确定墓主的身份，就直接以其名字来命名，如海昏侯墓、曹操墓、秦始皇陵等。没有详细墓主信息的大型墓地，就按照遗址的情况，以当地小地名来命名，比如宋庄东周贵族墓地、白沙宋墓等。

我们还经常听到仰韶文化、龙山文化、二里头文化、三星堆文化等说法，这些是考古学文化的名称。考古学文化是指存在于一定的时间和空间，具有相似特征的考古遗存，一般以最早发现这种文化的遗址，或者最具有代表性的遗址来命名。比如，仰韶文化指的就是最早发现于仰韶村遗址、以彩陶为代表的史前文化。有些考古学文化的分布范围很广，包括很多不同的遗址，比如，仰韶文化的遗址分布于河南、陕西、甘肃等多个省份，陕西的半坡遗址、河南的庙底沟遗址等都属于仰韶文化遗址。

当然，早期很多遗址和考古学文化的命名也不完全是按照这些规则，有的是考古学家自己确定的，后来就成了习惯性称呼。如果你将来参加考古工作，新发现一个遗址或者考古学文化，也可以自己去确定它的名称。

第五章
考古现场守则

在讲完考古工作的基本流程之后，大家可能对这项工作有了更深的了解。这是不是说，严格按照《田野考古工作规程》一步一步操作，就能够出彩地完成一项考古工作呢？本章介绍的这些考古现场守则，并不一定都写在《田野考古工作规程》中，大部分是考古学家长期在田野工作中总结出来的经验。一个年轻人想要成为合格的考古学家，这些都是应当知道的知识。

持证发掘

在第二章"什么不是考古"一节的内容里,已经提到过,开展考古工作需要经国家文物局批准并颁发"考古发掘证照",也就是许可证。持证发掘是考古现场的守则之一。

"中华人民共和国考古发掘证照"是由国务院文物行政主管部门——国家文物局,颁发给考古机构的发掘许可证。这个证书上有编

> **知识拓展**
>
> 中国第一张考古发掘执照颁发于1935年,叫"採取古物执照"。执照的申请人是当时的中央研究院首任院长蔡元培,发掘的领队是梁思永,中央古物保管委员会派董作宾担任首届监察。这些都是大名鼎鼎的学者。这份执照由当时的内政部长和教育部长共同签署。

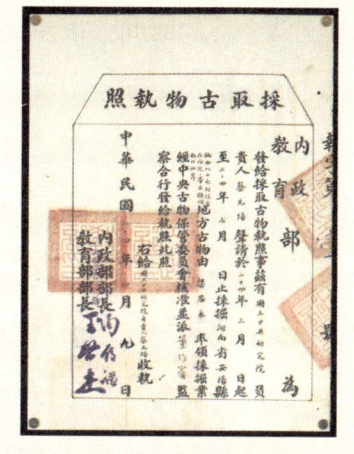

中国第一份考古发掘执照

中华人民共和国考古发掘证照

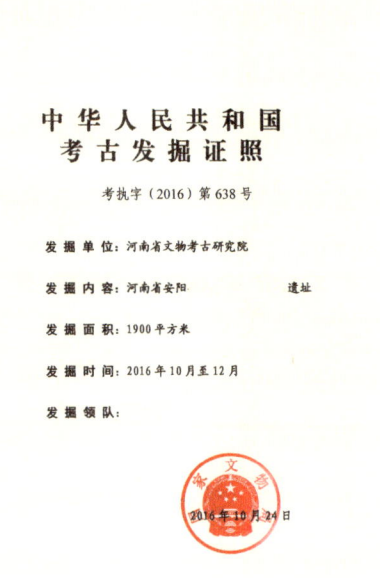

号、发掘单位（机构）、发掘内容、发掘面积、发掘时间、发掘领队（项目具体负责人）等内容。任何考古发掘项目，都必须有这个许可证。

这个许可证有一个申请、审核、发放的流程。申请者，必须是具备考古发掘团体领队资质的机构，一般是考古院所、大学考古院系、博物馆等。而证书上显示的发掘领队，也就是项目的具体负责人，必须是具有考古发掘个人资质，即具备考古发掘执业资格的专业考古人员。

一个考古项目从发起申请，到专家审核和最后审批，中间需要几周甚至几个月的时间。很多紧急状况，比如已经被盗贼破坏或者被施工破坏的遗址需要及时抢救，显然不能等这么久。这种情况下怎么办呢？文物保护法充分考虑了这种情况。这种情况下可以先开工，但是必须"自开工之日起10个工作日内向国务院文物行政主管部门补办审批手续"，也就是抢救发掘的同时申请证照。

为什么考古现场守则第一条就要强调"持证发掘"？因为现在大家对考古的关注、对考古的兴趣越来越高，尤其是在一些具有不良导向短视频的影响下，很多人都跃跃欲试。有人拿着金属探测器在野外"寻宝"，有人到野外荒废的古墓葬中"探险"，也有研学机构组织人员

知识拓展

领队资质

团体领队资质，是国家文物局颁发给文物考古机构的证书。这个机构必须具备一定的研究基础，有一定规模的考古专业队伍（至少有4名具备个人领队资质的考古学家），达到团体领队要求的各项标准并经过专家审核。这个领队资质不是任何机构都可以申请的。

个人领队资质，是国家文物局颁发给考古专业人员个人的证书，相当于执业资格证。这个人必须是大学考古专业毕业或者经过专业培训，在专业考古机构工作，参加过一定数量的项目，发表了一定数量的成果，再经过专家审核。因此，个人领队资质不是任何人都可以申请的。

截至2023年，全国具备考古发掘团队领队资质的机构一共有99家，具有个人考古发掘领队资质的专业人员达2000多人，包括退休人员。

到野外"调查"，在各种现场的土壤剖面上捡取文物，更有甚者在自己家里的菜地或院子里开挖……这些活动看似是出于对考古和历史的兴趣，但如果挖到了文物，或者在挖掘过程中破坏了古遗址、古墓葬，都是违法行为。

即便是考古机构或者博物馆的专业人员，如果没有取得国家文物局的许可，也是不能擅自开展发掘工作的。

如果大家确实有兴趣体验考古现场，可以参加考古或者博物馆组织的研学体验活动，一定不要擅自去"寻宝"。遵纪守法，保护文物，是大家从小都要牢记在心的。

发现文物先不要动

这里说的"不要动",是指不要随便移动文物。

初次参加考古发掘的实习生经常会发生这种状况:"老师,您看看,我有一个重要发现!"在话音出来的同时,这位实习生可能已经手拿着出土文物奔向老师。接下来,老师一定不会先肯定实习生的这个重要发现,而是要对他提出批评——发现文物,先不要动。这是考古现场守则之二。

考古现场,要求的是科学发掘,最大限度记录遗存的原始信息。以遗址或者墓葬里的一件文物为例,除了文物本身之外,它所在的位置、摆放的姿态、周边土壤和器物的状态等,都是研究这件文物历史、科学和艺术价值的重要信息。发现文物的第一时间,应当用影像和文字全面记录各种信息,而不是拿出来与老师和同学们分享。如果对于相关问题有疑惑,可以把老师和同学们请到现场讨论。

之所以把这项要求列为考古现场守则之二,是因为之前有多个教训。在我经历的一个考古项目中,大家发掘一座非常重要的古代墓葬。墓葬里面发现一件黄金制作的小王冠,只有指头大小。就是因为实习的学生没有遵守这个守则,第一时间拿出来分享,导致最后弄不清它的原始位置以及与周边其他几个器物的关系，所以对于这件小金冠的功能（到底是头饰还是一件把玩的小玩具）一直弄不清楚。

再举个竹简的例子。作为古代重要文字载体的竹简，一直是考古学家关注的对象。竹简在下葬时可能是成卷的，后期由于墓葬塌陷、进水位移、被盗等多种因素，不再是原始的成卷状态，编连竹简的绳子腐烂，每片竹简的位置都发生了变化。这种情况下，考古学家要根据每片竹简的原始位置来推测其本来的编连顺序，从而把竹简上的文字复原成原始文章。如果贸然拿出其中的一片或者几片，又记不清其本来的位置，最后可能会影响其他竹简的编连复原。

提取文物先不要擦洗

"不要擦洗"与前面的"不要动"意思是相近的,就是对于文物最初的出土状态不要进行过多干预扰动。

由于埋藏环境的原因,一件陶器或者石器出土时,外面可能包裹着大量泥土或木炭等物质,看起来很不美观;里面也可能充满了泥土,搬运起来很沉。有人就会想着用铲子刮一刮,用水冲洗一下,或者用抹布擦拭一下,看看文物本来的面貌并且便于运输。这是一个很危险的操作。

有些文物在埋藏时,外表可能会包裹着织物(比如丝绸、麻布等)。这些织物腐朽之后只留下细微的痕迹,个别痕迹甚至只有显微镜下才能观察到。这些痕迹对于分析文物的埋藏环境,埋藏之前有什么样的处理措施等,都具有非常重要的价值。一刮、一洗或者一擦,这些重要信息就没有了。而且有些文物的质地很脆弱,在擦洗的过程中,表面结构有可能被破坏。

一些陶器或者青铜容器在出土时里面充满了泥土,导致重量达到数十千克,搬运十分困难。这些泥土可能并不是普通的泥土,而是包含着丰富的信息,能够告诉我们这些容器里本来装着什么东西。因此不能在现场把它们掏出来扔掉，而是要留到实验室进行处理。对这些土样进行分析，说不定就会有重大发现。例如，陕西刘家洼遗址一个春秋时期男性墓葬出土的小铜罐，考古学家通过对里面的土质进行分析，发现残留物中包含两种成分：一种有机物来自牛脂；一种无机物来自湖泊沉积和洞穴沉积中的特殊钟乳石——月奶石，最终确认是一种有美白效用的化妆品，被称为最早的男性"面霜"。

石器，比如石刀、石斧，外表坚固，是不是可以进行擦洗呢？也不行。这些工具在古代可能被用来收割粮食或者加工食物，使用过程中植物的淀粉粒等会留存在刃部。这些遗存是肉眼看不见的，植物考古学家通过显微镜能够看到。如果随意清洗，确实得到了一件干净的石器，但是它的功能信息全都没了，属于得不偿失。另外，考古学家还可以通过观察石器表面的微痕来推测其使用方式，这些细小的痕迹也经不起擦洗。

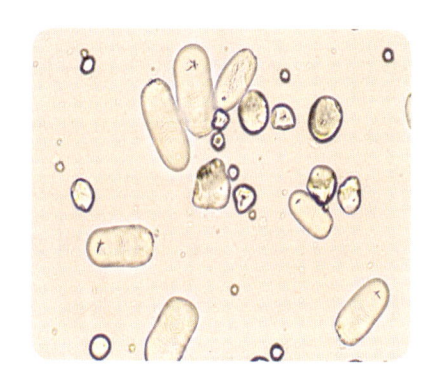

藕粉淀粉粒形状

总之，提取文物的时候，要尽量保存其原始状态，后面的清理工作交给科技考古同事就好。可不要因为一时追求干净，损失了文物所携带的重要历史信息。

不能私藏文物

有人开玩笑说，在考古现场偷偷揣一件文物到兜里，就发财了。要知道，这是严重的违法行为，每一个经过专业训练的考古人员都不会犯这种错误。在被问及这种问题时，我一般先反问对方：银行的工作人员每天偷偷抽走几张纸币，岂不更容易发财？——当然这也是玩笑，这样说的目的是告诉对方，不要企图在考古现场偷偷揣走文物，考古现场都有详细的记录和监控，每件文物都会在现场留下痕迹。有痕迹而不见文物，那一定是安全出问题了，考古人员不会置之不理。

无论是现场工作人员，还是去考古现场参观学习者，都不要有这种想法。

考古人员私藏文物就不单单是不遵守考古现场守则了，这可是严重的违法行为。

前面介绍考古发掘过程的时候提到，提取文物之前要写标签及记录各种详细信息。在某些时候由于出土文物太多或者环境不允许（即将下雨或者天黑），可能现场只能记下一个简单信息，需要回到室内补充完整信息。如果有人把这件文物装到包里带回宿舍，想着等把各种记录工作都补完之后再交到库房——从流程上讲，这也算是一种私藏文物的行为。尽管私藏的目的不是为了贩卖牟利，而是为了完成记录工作，这也是不允许的。

  出土文物应按流程上交库房并登记。没有完成的记录工作，也应当在库房或者临时文物保管场所（或者办公室）去完成，而不是在个人住所完成。如果在个人住所期间，文物发生丢失或者损坏，后果不堪设想。

不能泄露文物埋藏信息

在网络和自媒体不发达的年代，文物埋藏信息很少泄露。但是现在，文物埋藏信息与文物安全的关系越来越密切，所以现在的考古现场守则要加上这一点。

因为利益的驱使，一直有不法分子觊觎地下文物，并且千方百计地打探文物的埋藏信息。如果考古现场工作人员经常在自媒体发布这样的信息：我在某某地方发掘，发现了珍贵文物；下个月我要去某某地方发掘，可能会有重要发现；我们在某地调查，发现了新石器时代重要遗址；某地有座大墓，可能会有重大发现……很可能就会被不法分子盯上，导致非常严重的后果。

我们的国家有着悠久的历史，广阔的土地（包括水下）埋藏着大量文物。由于保护力量相对薄弱，并不是每一处文物都能够有妥善的保护措施，分布在野外的大量文物是没有专门的保护人员或者保护机构的。这些信息一旦泄露，文物安全就会受到直接威胁。

一项考古发现，必须经过专家和文物保护部门的多方评估之后，才能发布。现在所有经过公布的重要考古发现，现场都有妥善的保护措施，或者文物已经清理发掘完毕，即使发布了信息也不会导致安全隐患。

大家如果在野外发现了可能有文物埋藏的地方，第一时间不是发朋友圈或者微博，而是要报告给当地的文物管理机构。不能因为自己的一时好奇和炫耀，给地下文物带来灾难。

此外，考古学家在开展调查时，也会辅助进行一些勘探，确认遗址和墓葬的情况。考古学家使用探铲时会在地面留下探孔，还会在周围散落土样，容易泄露文物埋藏信息，让遗址和墓葬成为盗墓贼的目标。因为不是所有的遗址和墓葬都具备发掘条件，所以为了避免留下安全隐患，考古学家在记录完毕之后，一定要对勘探现场进行仔细处理：探孔要回填，并且填实，周边散落的土样也要收拾干净。

知识拓展

机智的考古学家

某地文物保护员发现一处古墓葬，等待专业考古队申请发掘。为了避免发现的古墓葬被盯上，他们在距离墓葬比较远、没有文物但是比较容易发现的地方勘探了一些孔，并且没有回填。然后通过测量和笔记的方式，记下古墓葬真实位置与这个地点的方位距离。考古队到来之后，保护员带着大家去看墓葬现场，到了探孔的区域并没有停下来，考古队员很惊讶。保护员掏出小本和指南针，确定方向，用脚步估测一下距离，找到了古墓葬的真实位置。原来这就是一种"障眼法"。

第六章

考古，
不只是
挖呀挖

在第四章"考古学家是怎样工作的"中，我们介绍了考古工作的全流程。想必大家已经看到，考古并不只是挖呀挖，还涉及多个环节的各种工作，发掘只是其中一步。并且，一百多年来，考古工作的每一个环节、工作方法和工具都发生了很大改变。本章跟大家专门介绍的，就是各种现代科技手段在考古各环节中的运用，可以称之为考古"黑科技"。

考古调查上天下水

在第四章介绍过，传统的考古调查方式就是考古队员跋山涉水、翻山越岭，既费体力，又费时间。这种调查方法能够发现野外那些曾经被破坏的古遗址和古墓葬，但是在某些特殊环境下或者面对某些特殊遗迹，就不太有效了。

特殊环境，比如一望无际没有参照的大草原、大沙漠，或者丛林密布的山区。在这些环境中，仅靠双脚步行去发现古代遗迹是很困难的，而且考古队员的人身安全也不能得到保障。

特殊遗迹，比如规模巨大的古城址，在地面上可能发现了一段隆起的夯土墙，但是难以观察到全貌，也就是"不识庐山真面目，只缘身在此山中"。这种情况下，就需要用到"上天"的技术了。

无人机是最常见的考古调查辅助设备。无人机在范围很大的草原或者沙漠区域内低空飞过，就能够从空中捕捉到地上的异常情况，对于大型地面遗迹尤其管用。下页图中展示的几处草原古代遗迹，规模都非常大，在地面根本看不清全貌，而在无人机拍摄的影像中，它们的特点就非常清晰。

草原上的古代遗迹（地面视角）

　　以图中展示的青铜时代石堆遗迹为例，这处遗迹的外围边长约 400 米，单是走完一圈就有近 1.6 千米，里面的小石圈有上千个。如果采取传统调查方法去测量和绘图，不仅费时间，而且很难弄准确——在那些几乎完全相似的石圈中走几趟就糊涂了。在无人机的辅助下，不仅可以直接看清全貌，还可以通过软件直接测量和绘图。

　　无人机在观测地表没有很厚植被的沙漠或者草原时很有效，但是遇上密林，完全看不到树林下面的情形，怎么办呢？机载激光雷达可以解决这个问题。在无人机上加挂具有激光雷达功能的镜头，相当于戴上了透视眼镜，就可以穿透地面的植被，扫描出地面的情况，清晰展现古代遗迹的分布特征。这种技术在世界多地都有成果运用案例，比如在南美洲雨林地带调查玛雅古城等，在中国的考古实践中也有相关案例。

我自己经历的一个考古项目，当时面对的是一个巨大的山丘，据记载是唐代女皇武则天在此设立了祭祀嵩山的祭坛。但是山上全是树木，完全看不清山体的形状。经过激光雷达的扫描之后，能够看清楚山顶正中有个隆起的圆形土丘，周围呈多级方形台地形状，与历史书上记载的封祀坛结构相似。在图上还能清楚地看到山顶上有一圈方形的沟，那是抗日战争时期挖的战壕。

除了无人机、机载激光雷达之外，卫星遥感与航空测量技术也在考古调查中发挥了重要作用。这些技术能够从地面、飞机、卫星等不同观测平台获取多尺度和多时相的遥感观测数据，能够突破气候条件、观测时段的限制，实现全天时、全天候、大范围调查，快速、准确、宏观地获取地表、浅地表的考古信息。

遗址的激光雷达照片

遗址的地面植被　　　　　　　　墨西哥玛雅古城在激光雷达下的情形

　　说完了天上的，再看看水下的。我们的历史文物不光埋藏在地下，水下也有丰富的文物，著名的"南海一号"古代沉船考古就是中国近年水下考古的一个重要案例。那么，怎样在水下开展考古调查并发现文物呢？常用于军事上的声呐设备在这里就能发挥作用了。

　　在南海西北陆坡一号、二号沉船的水下考古调查工作中，中国科学院利用自主研发的潜载测深侧扫声呐获取了沉船区域水下全局分布图，为快速厘清文物分布范围、测绘基点选址及文物保护方案制订提供了关键数据图像支撑。水下考古是另一个专门的领域，除了基本操作规则跟地面上考古一样，所需要的技术和设备完全不一样，这里就不再详细介绍。

考古勘探也可以不用洛阳铲

都说洛阳铲（探铲）是考古勘探"神器"，这种"神器"也并不是无可替代。现代地球物理科学的一些方法也运用到了考古勘探中，并且发挥了特殊作用。与传统的勘探方法相比，这些现代科技加持的勘探方法具有无损的特点，不会对地下遗迹或者遗物造成破坏。而洛阳铲的金属探头能够把砖头打穿，脆弱的陶瓷器或者青铜器等文物在它面前更是不堪一击。

常见的方法有探地雷达勘探、高密度电法勘探（电阻率法）、地磁勘探等。探地雷达与高密度电法的基本原理相似——地下古代遗迹（比如城墙、房屋、墓葬等）的物理特性与周边土壤不同，因此对主动发射的雷达波反射率、对仪

探地雷达勘探

器发射电流的电阻率等都会不同。对一个可能存在遗迹的地方开展这些勘探，发现雷达波或者电阻的异常，就可能找到遗迹的位置。但是，这两种方法的具体操作完全不同。

使用探地雷达勘探时，考古人员拉着小车一样的设备在需要勘探的区域沿设定的路线走动，设备随时向下发射雷达波并接受和记录反射信号。通过观察反射信号，就能发现调查路线上哪个区域存在异常情况，将几条调查路线上的异常信号拼在一起，就能发现异常区域，即可能有文物埋藏的地点。埃及的很多地下古墓葬就是通过探地雷达扫描的方式发现的。

电阻率法勘探则需要在计划勘探区域布设多个电极，并使之通电，观察不同线路和不同深度土壤的电阻率，从而找到电阻率异常的点，即可能有遗迹、遗物埋藏的地方。考古学家在三星堆遗址壕沟的勘探中就运用了这种方法。

电阻率法勘探

地磁勘探是另一种原理，一些特殊遗迹比如窑址，因为经过长期火烧，磁性发生了变化，通过测量某一个地区的地磁特征，就能够发现异常点，找到那些经过长期火烧的遗迹。

当然，与常见的洛阳铲勘探方法相比，这些方法虽然无损，但最大的缺点是不够直观。在电脑和仪器上观察到雷达波或者电阻的异常，但是不能确定到底是什么类型的遗迹。而探铲从地下带上来的土样特征能够直接反映出遗迹的性质——墓葬、房屋、城墙或者道路等。在操作上，这些先进的勘探方法需要专业技术人员去操作，要配备专业设备；

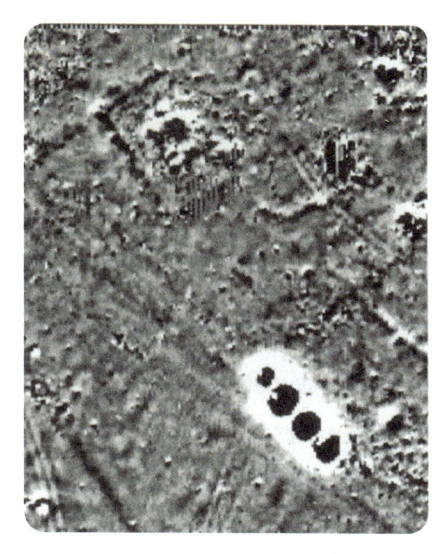

地磁勘探发现的古代窑址（黑点）

发掘的古代窑址

而传统的勘探方法经过简单培训即可上手，具有成本低、效率高的特征。所以这些勘探方法在中国的考古中并没有广泛运用。

除了地球物理科学手段之外，地球化学技术也能够用于考古勘探。这一运用的重要案例就是秦始皇陵。据《史记》记载，秦始皇陵中用大量水银（汞）做成江河湖海，这种记载是否可信呢？1981～1982年，中国地质科学院的科学家在秦始皇陵运用勘察地球化学中汞（水银的学名）浓度的测量技术进行了勘探，发现陵墓封土中央部位出现了一个达 12000 平方米范围的强汞异常反应。同时他们对陵墓附近的水池、水库（封土可能取土的地方）的土壤也进行了测量，发现汞浓度很低。因此，秦始皇陵封土中的汞浓度异常，并不是封土固有的，而是陵墓中人工埋藏的汞挥发之后进入封土中导致的。这说明陵墓中确实埋藏了大量的水银。

埃及的金字塔，高高地耸立在地面上，跟中国常见的地下文物不一样，结构很明显，看似不需要再做什么勘探。事实上，考古学家对金字塔内部的结构并没有完全了解，仍然在不断探索中。这种探索就必须借助高科技手段了。来自世界各地的考古学家们综合运用宇宙射线、红外线成像技术和激光扫描等技术，对金字塔内部结构进行探测。结果表明，已有 4600 年历史的弯曲金字塔（Bent Pyramid）内部建有两个秘密墓室。多个团队对图坦卡蒙的墓室进行了激光扫描、热成像扫描、雷达扫描等，据称发现了附近的一个神秘的空间，推测可能是尚未被发现的图坦卡蒙妻子的墓葬。

科技手段让土壤和骨骼"说话"

一件文物,能够反映当时人们的生活环境、手工业水平、审美风尚、生活习惯、丧葬习俗、宗教信仰等丰富的信息,因此历来都是考古历史学家和公众关注的焦点。埋藏文物的那些土壤、那些看起来有些可怕的人骨、那些混在土壤中已经碎成零星小片的动物骨骼等,虽然不具备观赏价值,但它们的研究价值并不输给博物馆展柜里的精美文物。因为有了现代科技手段,考古学家也能让土壤和骨骼"说话"。

土壤会"说话"

考古遗址里的土壤,第一个直观的作用就是反映这个地方是不是有人类活动,具体是什么形式的活动——考古学家通过辨认土质、土色能够获得这些信息,在前面已经介绍过。

除了直观地反映人类活动信息之外,考古学家还能够从里面提取出细小的植物遗存(炭化的种子)和动物遗存(比如小动物骨骼)。通过鉴定这些种子和骨骼的种类,就能判断当时的人们种植了哪些作物、养了哪些动物或者食用了哪些植物和动物。通过这些动植物信息也能推测当时的气候环境。

目前还有一种比较新的研究方法，是从土壤里提取古代寄生虫卵，来研究当时的环境和生活状况。一种材料是人骨腹部的土壤。墓主的腹部内容物腐烂以后，里面的寄生虫遗存就会沉降进入土中，因为骨骼的拦截，一般就停在骨盆位置。因此这个位置的土壤最有可能发现寄生虫卵。还有一种材料是古代厕所的土或者残留的粪便，人体内的寄生虫通过排泄物进入厕所里，虫卵也就留存在土壤中。

除了土壤的包含物之外，土壤本身也具有重要研究价值。土壤的磁化率是反映气候温湿与干冷变化的良好指标。气候湿润的条件下，土壤中磁性物质容易形成与聚集，磁化率较高；若气候干冷则不利于磁性物质形成与聚集，磁化率较低。因此通过磁化率能够直接观察当时的气候环境信息。另外，人类活动也会对土壤的磁化率造成影响。通过对土壤磁化率的分析，能够确认哪些地方有人类活动痕迹，从而找到古代遗址的分布范围。

土壤还是测年的重要材料。通过光释光测年方法，能够判断出土壤中晶体矿物在上次曝光后埋藏到现在的时间间隔，即遗址上次暴露在自然光线中的时间。这一年代即遗址最后被掩埋的时间。

对土壤的微结构分析，能够提供更加丰富的信息。以古代房屋为例，土壤的微结构能够反映出房屋建筑（如墙体、地面、屋顶等）的物质来源和建筑技术，相关人类活动的类型（如踩踏、打扫、生产加工、燃烧、养殖等），房屋的分区与功能，等等。

上一节介绍秦始皇陵封土的汞含量探测，也是土壤会"说话"的一个案例。

知识拓展

对虫卵的提取

为什么是发现虫卵而不是寄生虫本身呢？因为虫卵的外壳有一层特殊结构，能够抗腐蚀或抗降解，得以保存下来的概率比较高。寄生虫也可能在古代尸体上发现。

考古学家从河南信阳一个楚国贵族的腹部样品里发现了横川后殖吸虫卵、阔节裂头绦虫卵、华支睾吸虫卵。这些寄生虫的中间宿主都包括鱼类等淡水生物，这说明这个贵族曾经食用了生的或是未完全煮熟的鱼肉、腌鱼而感染这三种寄生虫。当然，不卫生的食物处理方式（如生肉与熟肉混切）也有可能导致其他食物污染而感染。

甘肃省汉代驿站悬泉置的厕筹（古代上完厕所清理用的竹片）上黏附的粪便遗存中，发现有华支睾吸虫卵。华支睾吸虫完成生长、发育和繁殖的全过程需要潮湿、温暖的环境，需要水生的中间宿主，而悬泉置所处区域气候干燥、寒冷，不可能有华支睾吸虫病（肝吸虫病）的流行。这说明使用厕筹的人原来生活在温暖、湿润的南方，来到西北地区之前已经感染了华支睾吸虫病，在悬泉置驿站上厕所之后把华支睾吸虫卵遗留在厕筹上。

古代厕所，听起来让人想退避三舍，却是非常珍贵的研究材料，一般很难发现。

骨骼会"说话"

骨骼也会"说话",并且"说"的内容更丰富、更具体。

首先,通过形态分析,能够确定发现的骨骼是人骨还是动物骨骼。人骨的特征能够反映性别、死亡年龄、身高等基础信息,动物骨骼能够反映其种属、性别、死亡年龄等。

人的颅骨形态特征能够反映出族属。不同地方人群在颅骨的高低、面部的宽窄等方面都具有不同特征,经过大量数据积累之后,考古学家掌握了各地古代人群的颅骨形态特征数据。比如,中国古代人群可以分为古中原类型、古华北类型、古西伯利亚类型、古蒙古高原类型、古东北类型、古西北类型、古华南类型七种。其中,古中原类型的颅骨偏长,面部偏狭窄,眶型较低,有明显的阔鼻和低面,主要分布在黄河中下游、长江中下游等地区。古东北类型的颅骨高度较高,面部较为宽阔且扁平,多居住于包括我国吉林、辽宁及黑龙江等省份的东北部地区。通过对一个古代颅骨的测量,然后与已有的数据进行对比,就能判断这个人的可能来源。如果一个遗址上出现多种不同类型的颅骨特征,则暗示可能存在来源于不同地方的人群,这对于研究古代人群迁徙和文化交流是非常重要的信息。

在很多的古代文化中,都存在颅骨变形的现象。古人通过有意识(用木板夹或者用布带捆绑)或无意识(睡硬枕头等)的人工干预,引起颅部或面部正常形态或结构发生改变。主要包括几个种类:1. 枕型,俗称"睡扁头",可能是在幼儿时期头的枕部受到挤压导致。2. 环型,即绕颅骨一圈有一条明显的带状下陷痕迹,可能是头顶筐、特殊装饰习惯等造成。3. 额枕型,即骨骼变形的压力来自颅骨面部和后脑部两

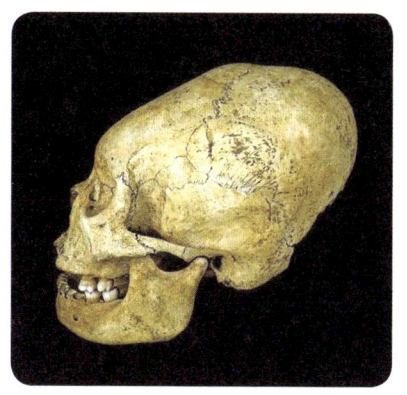

古代的颅骨变形：扁平　　　　古代的颅骨变形：斜长

个方向，容易形成狭长形颅骨，这类颅骨主要见于南美洲。

我国境内发现最早的头骨变形是旧石器时代晚期周口店山顶洞的102号头骨，它的额结节上方有一条明显的浅沟，可能是幼年时期缠头所造成。而我国大部分遗址上发现的颅骨变形现象多属于枕部扁平化的变形，这种习俗甚至影响到近现代。❶ 如果在遗址上发现某个颅骨的形态特殊，说明生前可能有颅骨变形的现象，与某种特定文化习俗有关。

拔牙和凿齿习俗也是古代人群中常见的文化现象，该习俗是指连根拔除或者凿去（只去掉牙冠部分）特定的一颗或者几颗健康牙齿，以显示其族属或者其他身份特征。我国古代的拔牙习俗主要集中在山东—苏北地区的新石器时代遗址中，长江流域也有发现。各地所见拔除或者凿除的牙齿种类不一样。古代文献中也有关于南方某些民族存在拔牙与凿齿习俗的记载。如果在中原地区某个古代遗址的颅骨上发

---

❶ 一些地方如今依然有睡扁头的习惯，即在幼儿时期睡比较硬的枕头，并且是仰面睡，使得后脑扁平。

现了这种特征，则反映这个人可能与东部沿海或长江流域的人群有某种联系。

拔牙与凿齿习俗有时候单靠眼睛观察并不能区分开，比如牙槽骨在拔牙或者凿齿之后继续生长愈合，就看不见里面是否还有牙根。这个时候可能需要用 CT 扫描来观察确认。

除了因为某种文化原因进行的有意识让颅骨变形或拔牙、凿齿的活动能够在骨骼上留下痕迹之外，一些健康问题也能留下痕迹。例如，某些特定饮食习惯和幼年营养缺乏，会影响牙齿的健康状况，出现龋齿、牙釉质发育不良等；生前缺乏营养会导致出现筛状眶等特征；化脓性脑膜炎会在颅骨内部留下病变痕迹；退行性关节炎、强直性脊柱炎等病变也能在骨骼上留下明显特征。骨折愈合❶、打击创伤、特定生活或者劳动习惯、骨骼手术等，都会在骨骼上留下明显痕迹。

骨骼不只是通过上面列举的这些可观察到的特征来"说话"，其生物结构、化学成分等在特定的科学手段下也能"说话"。

古 DNA 分析能够判断古人的血缘关系，碳、氮同位素分析能够判断古人吃了什么食物，锶、氧同位素分析能够判断一个遗址是否有外来迁入的人、这些人可能来自哪里，骨骼的碳十四测年能够比较准确

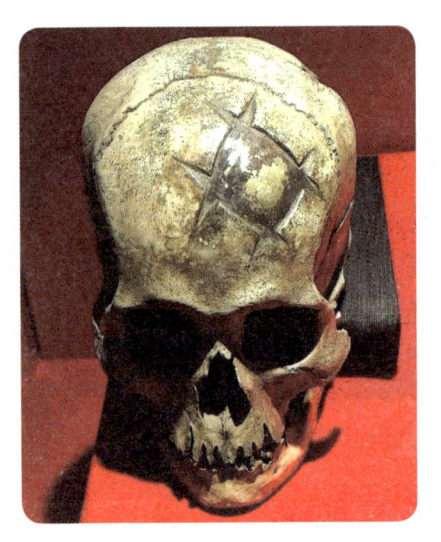

南美洲印加帝国的一个古代颅骨手术案例

---

❶ 第二章介绍了电影《流浪地球 2》中的一段情节，其中展示的就是一件骨折之后愈合的古代人骨。

知识拓展

观察骨骼

古代的骨骼上能够观察到被利刃砍伤或者被箭镞射伤的痕迹，有的骨骼上还插着箭镞。殷墟博物馆里展出的商代晚期贵族亚长的骨骼上，能清楚观察到多处创伤痕迹，说明其生前经历多次战事并受伤。

我国多个古代遗址都发现人骨有跪踞面特征。跪踞面通常是指因人类跪踞时，脚趾频繁、持久、过度背侧曲，使得跖骨远端上关节面和趾骨近端上关节面出现多余的关节面或骨骼改变，这种特征的形成与生前劳作或者休息时的习惯性姿态有直接关系。

多个古代遗址还发现了颅骨手术痕迹，在颅骨上凿出规则的圆孔，并且圆孔周围的骨骼有生长痕迹，表明手术之后人可能还存活过一段时间。

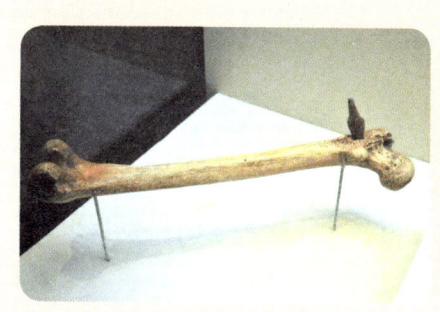

带箭镞人腿骨

古代带箭伤的人骨

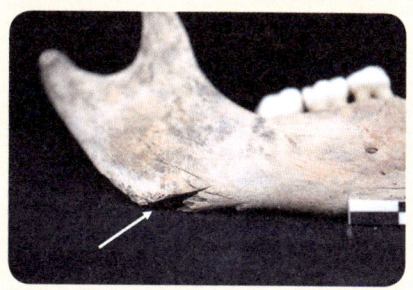

古代骨骼上的砍伤痕迹

地给出古人的死亡年代，等等。各种生物、化学技术的运用，使得看似不起眼的古代骨骼能够提供非常丰富的信息，为考古研究补充许多新的关键证据。

碎陶片也会"说话"

一件完整的文物是每个考古学家都期待的，然而并不是在任何考古现场都能遇到完整文物。绝大多数情况下，大家发现的都只是破碎的陶片。有些陶片能够拼对出一件或半件器物，看出形态和工艺特征等，绝大部分碎陶片是完全无法拼凑的。尤其是那些上面既没有纹饰也看不出形态的陶片，是不是就完全没用了呢？也不是，在科技手段下，碎陶片一样会"说话"。

通过对陶片进行切片分析，能够观察到它的质地、结构和工艺特征。对原料再进行同位素分析，能够观察陶土的来源和产地。对陶片内壁的残留物进行分析，还有可能发现其本来的用途。

知识拓展

饮奶习惯

科学家对来自554个地点的826个阶段的13181片陶片的6899种动物脂肪残留物展开研究，描绘了从公元前7000年到公元1000年整个欧洲大陆的牛奶使用情况，结果表明，饮奶行为在欧洲一直非常普遍。

探索文物内部隐藏的秘密

文物出土的时候，会有很多意外的情况，比如铜器外边会包裹厚厚的铜锈和泥土，竹简上的墨书文字可能已经脱落，等等。还有一些保存状况比较好、密封在接近完整的棺椁里面的文物，完全不知道是什么情况。这种情况下，贸然处理会给文物本身或者其蕴藏的信息造成伤害——万一棺椁里有很重要的脆弱文物，一旦打开就彻底毁了；万一青铜器上有铭文，清理铜锈的时候可能把字也损坏了；看不出文字的竹简，就真的没有文字吗？

没错，这里就要说到科技了。在科技手段的加持下，完全可以在不损坏文物的前提下，先探知文物内部的信息，再根据情况科学安排下一步的处理工作。

红外线成像技术可以让消

对竹简进行红外线扫描

失的墨书字迹重新显影。竹简本体与墨迹对红外光的吸收程度不同，当红外光照射到简牍上，墨迹和简牍本体的色彩对比会比在可见光条件下更加强烈。用专用的相

用 X 光对木棺进行探测

机或扫描仪将扩大色彩对比度的图像记录下来，就得到了竹简文字的红外照片。目前，对简牍进行红外拍照、红外扫描已成为简牍图像信息提取比较普遍的技术手段，能够让消失的墨书字迹重新显影。

　　对古代文物做 X 光，能够探知其保存情况。2016 年，河南省考古学家在清理一座战国古墓葬时，发现木棺密封保存较好，就吊运到实验室内，先用 X 光对它做了全身"体检"。结果得知里面可能存在有机物和金属物品，还有人骨，于是提前制订了详细的处理计划，避免打开之后因无充足准备而造成损失。

　　对于锈蚀的青铜器，现在可以运用 CT 断层扫描技术，仔细查看是否有铭文或者损伤痕迹。隐藏在铜锈之下的铭文，通过扫描处理，能

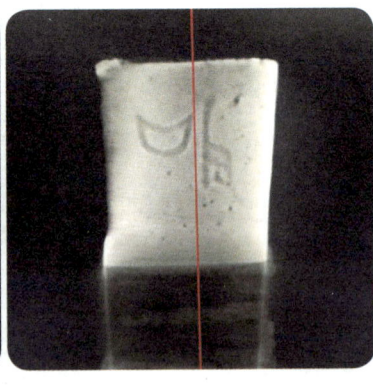

CT 断层扫描青铜器

够非常清晰地展现出来。

另外，在发掘某些结构相对比较完整、内部还有空间的大型墓葬时，考古学家还会通过缝隙放进摄像头等设备，为了提前探知情况以制订工作方案。

科技加持下的现代考古

考古学诞生之初,主要关注的是出土文物。随着现代科学的发展,科技手段加持下的考古学已经成为一门多学科综合的学科。

上面介绍的在考古调查、勘探和研究中运用的科技手段,只是其中一部分内容。可以说,现代的各种科技手段,从卫星遥感到分子生物学,从物理到化学,从地质到水下,在考古学中都有用武之地。以往那些曾经被忽略的材料,比如骨骼、土壤等,也开始发挥重要的研究价值。

现在,科技考古已经成为大学里的一个专业方向,各考古机构也设置了专门的科技考古部门。从事科技考古的学者都有不同的学术背景,有人学化学,有人学生物,有人学遥感,有人学计算机等,这些技术与传统考古学结合,使得我们发现和阐释古代优秀传统文化的途径更加宽阔。

从专业培训角度看,以往考古专业只招收高中文科生,在专业课程内容上更偏向历史、文化等文科知识和考古专业知识。而现在大学的考古学专业大部分不限文理科,到了硕士和博士研究生阶段,就更加不限专业背景——有些科技考古的专业方向还专门注明需要有相关理工科教育基础。因此，无论你是喜欢文科还是理科，是擅长历史还是物理，将来都有机会加入考古队伍，并作出自己的贡献。

知识拓展

考古学家都来自考古专业吗

中国著名考古学家并不都是考古专业出身。比如，后来被称为"中国现代考古学之父"的李济，本来学习的是心理学。夏文化考古的开创者徐旭生先生，本来学习的是西方哲学。现在还活跃在考古学界的专家里，刘建国先生是测绘专业毕业等。年轻的考古专家队伍里，也有英语、地质、动物、生物等不同专业背景的。

从就业的角度看，早年的考古机构都没有设置科技考古或者文物保护的部门，所以只招收考古专业毕业生。近年随着多学科综合大趋势的发展，也不断有理工科专业背景的毕业生加入考古队伍中。

在科技手段的加持下，现代的考古工作不仅能够获取更加丰富和准确的古代历史信息，而且能够对文物保护提供更加科学的方案。考古学家的队伍里，也多了很多具有不同专业背景的身影。

第七章

文物留在地下不好吗

在第二章介绍过，我们通过考古去探索古人的生活，发现祖先的智慧和创造，为我们的现在和未来提供精神和文化力量。这些反映古人生活的线索都埋在地下，需要考古学家揭开厚厚的土层，发现它们，并提取出来开展研究。这个过程，在考古专业术语中叫发掘[1]，公众习惯称为挖，或者挖掘。

　　我们经常会面对的问题是——不挖不行吗？留在地下，不是对文物最好的保护吗？

　　确实，离开原始的保存环境之后，文物可能马上面临各种隐患，留在地下是对文物最好的保护。中国考古现在秉持的原则也是非必要不发掘。那么，为什么要进行考古发掘？

　　现在的考古工作主要有三种类型：配合基本建设进行的考古，简称基建考古；配合重大课题研究进行的考古，一般叫主动性考古；对已经被部分破坏的墓葬或遗址进行发掘，确保剩下的文物不再被破坏，叫抢救性考古。

---

[1] 考古的专业术语叫发掘，不叫挖掘。发掘更侧重于发现未知的东西。

基建考古——不发掘真不行

为了使我们的生活更加舒适便利，每天都有大量的建设工程在进行，比如修建公路、铁路、地铁，铺设燃气管线，还有水利工程、房地产工程等。这些工程无一例外都要动土，有的工程甚至要往下开挖十多米深度。脚下的土地上，我们的祖先已经在此生活数万年，留下了大量的遗迹和遗物，都是珍贵的文化遗产。建设工程的开展，必然

燃气管道项目线路上的考古发掘

会对地下的文物造成直接破坏。古代的石器、铜器、陶器等，古人留下的墓葬、房屋、道路等，在钢铁机械面前都显得无比脆弱。还有一类比较特殊的水利工程——水库建设，虽然不涉及大量的开挖工作，但水库建成蓄水之后，蓄水区地下的文物会被永远淹没在水下，造成不可挽回的损失。

为了保护这些文化遗产，就必须在基建工程开始之前开展考古工作，将工程地点埋藏的文物发掘出来，运送到考古机构和博物馆进行异地保护。这就是配合基本建设工程开展的考古，也就是基建考古。

如果地下有文物埋藏的地方都不允许开展建设工程，那我们的生活将受到很大影响，尤其是在文物埋藏丰富的地区，比如河南、陕西等，将不能修铁路、公路、水库，城市里也不能修地铁、盖房子等。因此，为了提高人们的生活水平，也为了保护地下的文物，配合基本建设开展的考古发掘，属于不发掘真不行这种情况。

关于河南的历史文化，有一个说法是"伸手一摸就是春秋文化，两脚一踩就是秦砖汉瓦"。陕西西安，第一条地铁修了18年，因为要边修边考古。修成的地铁如同时空隧道，穿过几千年的文化遗存。

当然，并不是说经过考古之后，就可以开展建设工程。考古的结果要经过专家论证，如果属于重大发现，相关遗存需要原址保护，那么建设工程就要另行选址。这样的案例在各地都有。

还有一种情况，在工程设计阶段，考古学家发现施工可能会破坏已知的重要文物，就会提前向工程部门提出更改方案。这种情况下，即使没有经过发掘，工程也需要改线。例如，南水北调中线工程的干渠设计方案，要穿过位于河南省焦作市的山阳故城遗址，这处汉代古城遗址已经被确认是东汉最后一位皇帝汉献帝刘协被废黜之后所住的

高速公路扩建区域的考古项目

火电厂扩建工程考古项目

城邑，已被列入国家重点文物保护单位。为了保护这个遗址，专家对干渠的设计方案进行了修改，避开了遗址，以免对其造成破坏。

  基建考古在世界范围内都是一项重要工作，也是目前我国开展考古发掘的主要内容。据统计，"十三五"期间，即2016～2020年这五年期间，我国共实施考古发掘项目4260项，其中配合基本建设开展的考古项目就占3000多项，达总数的75%以上。

主动性考古——谨慎选择、有限发掘

主动性考古，是指为了开展重大科学研究项目、解决重大历史问题，比如"夏商周断代工程""中华文明探源工程"等，选择比较重要的遗址开展的考古发掘。这类考古发掘的特点，一是项目数量少，二是每个项目的发掘面积少，可以概括为谨慎选择、有限发掘。

比如，"十三五"期间全国考古项目数据中，主动性考古发掘项目总共1127项，占项目总数不到25%；发掘面积88.2万平方米，平均每个项目的发掘面积约782平方米。❶

大家熟知的二里头、殷墟、三星堆等，都属于主动性考古发掘项目。二里头遗址现存面积约300万平方米，自1959年首次发掘到现在已有60多年，发掘面积约占总面积的1.7%。殷墟遗址总面积在3600万平方米左右，1928年首次发掘到现在近100年时间，发掘面积仍不到总面积的5%。三星堆遗址面积约1200万平方米，从1934年到现在

---

❶ 配合基本建设的考古项目，其发掘面积一般都是根据工程的规模确定，小则数百平方米，大则数万平方米。主动性考古项目的发掘面积一般都是数百平方米。

共开展了37次考古发掘，发掘面积仅占总面积的2‰。

很多人都问，为什么国家不加大考古力量，抓紧把这些遗址全部发掘，把地下的秘密全部揭开呢？不止公众，考古学家也很期待揭开这些遗址的所有秘密。我们现在的文物保护方针是"保护第一、加强管理、挖掘价值、有效利用、让文物活起来"，保护仍然是第一位的。因此，不止现在，今后对这些遗址开展的考古工作，仍然会是非常有限的小规模发掘。

主动性考古，是为了解决重大和关键学术问题而对遗址进行有限的解剖分析。这种发掘，或者解剖分析，本身对遗址也是一种破坏。所以，必须将其控制在极小的规模，尽量减少对遗址的主动破坏。我们不能只考虑眼前，还要把丰富的文化遗产留给子孙后代。

抢救性考古——最无奈的选择

抢救性发掘，顾名思义，就是针对已经被破坏的古遗址、古墓葬等开展考古工作，抢救剩下的文物。这是考古学家们最不愿意面对的项目，到达现场时，呈现在面前的要么是被施工机械开膛破肚的遗址和七零八碎的文物，要么是被盗墓贼洗劫一空留下一片狼藉的古墓葬。

尽管全社会的文物保护意识已经有很大的提高，绝大部分工程项目也都遵守先考古后施工的流程，但在利益的驱使下，仍有个别不法分子铤而走险。

一类就是违法施工。在工程开始之前的考古工作不仅需要较长的时间，而且建设方要承担考古工作经费，于是有些工程就置法律于不

违法施工破坏的古墓葬　　考古学家在现场勘查被破坏的古墓葬

顾，未经文物部门许可就开始施工，导致地下文物遭到严重破坏。破坏文物的事件被发现以后，一方面工程停工，相关责任人要接受法律处罚；另一方面考古人员要进驻现场，对已经被破坏的文物进行考古发掘。

违法施工破坏古墓葬

另一类就是盗墓。有些人做梦都想着挖一件文物而一夜暴富，于是铤而走险，向埋藏在地下的古墓葬、古遗址伸出黑手。公安部门发现盗墓现场之后，会请考古专业人员参与鉴定，判断墓葬的年代和重要性，并将相关情况报给文物部门。这些墓葬的结构已经被破坏，可能随时坍塌，威胁到剩余文物的安全，文物部门会安排考古人员进行抢救性发掘。

抢救性考古虽然经常是在中途介入，大多数时候面对的是一片狼藉，但是也经常会有重大发现。比如大家熟知的秦始皇陵兵马俑，是1974年当地农民在打井的过程中发现的，考古人员随后进行抢救发掘；出土大量奇奇怪怪青铜器的四川三星堆遗址祭祀坑，其中1号和2号坑是1986年夏天当地工人挖土烧砖过程中发现的。近年来引人关注的河南安阳曹操墓、江西南昌海昏侯墓，包括2024年新公布的安徽淮南武王墩墓，都是因为被盗才开展抢救性发掘，最后取得重大发现。

接下来的问题是，考古学家跟在盗墓贼后面去抢救、去收拾烂摊子，为什么不提前主动发掘呢？

因为我国的文物保护工作方针，第一条就是"保护为主"，所以，

盗洞

尽管目前仍有文物面临被盗掘破坏的风险，采取的主要措施还是加强保护，而不是主动去发掘。随着法制的完善，文物保护队伍的壮大，各种高科技保护手段的运用，地下文物的安全性将会越来越有保障，这些抢救性发掘的情况必然会越来越少。

知识拓展

考古经费哪里来

田野考古工作需要耗费大量的人力、物力和财力，那么经费从哪里来？

基建考古项目的经费由建设方（业主方）承担，文物保护法规定"凡因进行基本建设和生产建设需要的考古调查、勘探、发掘，所需费用由建设单位列入建设工程预算"。与工程建设单位进行沟通谈判争取工作经费，也是考古人员必须具备的技能之一。双方需要经过很多次沟通谈判，签订考古工作协议，工程建设单位拨付经费后，考古机构才能开展工作。

主动性考古项目，是为了配合重大学术课题开展的，经费由国家财政支出。每年国家文物局会发布主动项目申报通知，各考古单位按照计划申报项目和经费预算，经过专家评审并通过之后，获得立项，同时国家财政也会将经费拨付到相应的考古机构。

抢救性考古项目的经费来源就得视具体情况而定了。临时抢救几座被盗的古墓葬，经费可能由考古机构自己支出。如果是抢救发掘被施工破坏的遗址，经费就由建设单位承担。建设单位除了承担考古经费之外，还会因破坏文物的行为接受相应的处罚并缴纳罚款（罚款是交给国家的，不是交给考古机构的）。

第八章

考古学家是如何炼成的

考古学家曾经是一个非常神秘的群体，不仅是因为人数较少，也因为从事的工作在大家眼里具有很强的特殊性。对于绝大部分人来说，古遗址、古墓葬、文物都只能在电视或者博物馆里看到，与现实生活相距太远，而考古学家的日常则是直接面对它们。

　　这一章专门介绍考古学家是如何炼成的。通过本章内容的介绍，大家就会了解到考古学家其实也是一个普通的群体，每个人都有机会成为考古学家。

考古队的组成

在野外开展考古工作，不是一个人能完成的，需要多人组成一支队伍，也就是大家俗称的考古队。考古研究机构派出多支队伍到各地开展工作，每支考古队对自己的项目负责。一支考古队的成员并不全都是考古学家，一般包括领队、技术人员、后勤保障人员、当地工人这四个部分。

领队，现在也叫项目负责人，就是考古队队长。领队不仅需要是专业的考古学者，还需要有国家文物局颁发的个人领队资格证（详见第五章的"持证发掘"）。

具有领队资格的考古人员在接受任务之后，一方面通过系统❶向国家文物局申请发掘许可，另一方面开始组建队伍。考古队伍除了专业人员（也就是大家说的考古学家）之外，还需要有各种方向的技术人员和后勤保障人员。因为一个考古项目短则数周，长则数年，而且一般都是在野外，衣食住行等后勤保障很关键。

---

❶ 国家文物局有一个专门的田野考古发掘审批系统，每个考古人员在获得个人领队资格之后就会有自己的账号，通过账号进行报批项目。

> **知识拓展**
>
> **考古与性格**
>
> 现在习惯用"i人"来指性格内敛的人，这类性格的人是不适合做考古领队的。

领队同时还要负责项目的规划，包括选定发掘区域，制订发掘和文物保护方案，制订后续研究计划，确定任务分工，仔细规划经费的支出等。除此之外，还需要与当地政府和群众协调用地、用房、用水、用工等问题。有考古学家说，考古发掘从来不是一个单纯的科学探索，而是涉及复杂的人事关系。因此，考古项目的领队，不仅需要有过硬的专业知识，也需要具备一定的社交和协调能力。

还有一个头衔叫执行领队。因为领队通常是具有一定资历的考古学家，会有多个项目同时进行，需要经常开展学术交流活动，有的领队还担任单位的领导职务，所以不能全时段待在考古现场。这种情况下，一般会有一个年轻的考古专业人员（尚未取得个人领队资格）在领队指导下全面负责现场工作，其工作的职责跟领队一样，被称为执行领队。但是因为执行领队一般都很年轻，经验还不够丰富，有些问题的解决需要在领队的指导下进行。执行领队是一个考古专业人员成长的必经之路。在正式申请个人领队资质、成为持证考古领队之前，必须有担任现场负责人实施考古项目的经历。

技术人员则是考古队的核心力量，是考古队开展工作的基础，包括发掘、测绘、摄影、修复保护等多个方向❶，习惯上简称为考古技工或者考古技师。我们面临的每一个考古项目，小则几十平方米或者一

---

❶ 这些技能也是考古领队必须掌握的，但是在具体操作中，领队的技能水平不一定高于经验丰富的技术人员。

座墓葬，大则数千平方米或者数千座墓葬。前面介绍过考古工作的流程，在具体工作中，这些流程不仅烦琐，而且工作量非常大。现在中国的大部分考古机构只有十几名或者几十名专业人员，单靠他们是没法完成繁重的田野考古任务的，尤其是很多考古项目还有时间限制。在这种情况下，为了弥补专业力量的不足，就需要有一批没有专业背景知识，但是经过一定培训之后掌握了田野考古工作技能的人员加入进来，辅助完成工作，他们就是考古队的技术人员。

其中，考古发掘技术人员主要负责发掘。他们一般不是大学考古专业毕业，而是在长期跟随考古专业人员工作的过程中学习田野考古知识，负责古遗址或者古墓葬的发掘、记录等。发掘技术人员虽然没有专业学位，不会撰写专业论文和报告，但田野发掘经验丰富、技术一流，在特殊遗迹的清理和辨认、考古勘探等方面甚至可能超过专业的考古学家。有很多专业考古人员在实习阶段就是跟着资深技术人员学习田野技能的。

除了发掘之外，测绘、摄影、修复等工作也会有专业的技术人员来完成。理想状况下，每个方向都会有专人负责。实际操作中，很少有考古队能够配备非常齐全的队伍，因此就要求技术人员一专多能。不仅要会发掘，也得掌握基础的测绘、摄影和修复技术。一支考古队里的资深技术人员一般都会这些操作，只是技能水平各有差别。遇到有特殊遗迹的测绘摄影，或者特殊文物的修复保护，就会请这个方向的专业人员来实施。

从中国现代考古学的诞生开始，这些没有正式职位的技术人员就参加了相关工作，有的人会在田野上奋斗终身。虽然考古报告和研究论文中见不到他们的名字，学术会议和领奖台上也见不到他们的身影，但是百年中国考古取得的各种辉煌成就，每一项都离不开这些"编外考古人员"的贡献。殷墟考古发掘与研究的一代宗师石璋如先生，曾经撰写过一部《殷墟发掘员工传》，详细记录了这些没有太多机会出现在考古学术成果中的技术人员，以及他们对殷墟考古工作作出的贡献。

技术人员队伍里还有一个很重要的组成部分，就是前面提到的实习生。大学里的考古和文博专业学生，必须有一个学期的田野实习经历，就是在田野中上课，通过实际操作掌握考古的各项基本技能，包括发掘、测绘、摄影、修复等。田野实习中，除了大学老师亲自指导之外，考古队的资深技术人员也担任了指导老师的角色。实习生在老师和技术人员的指导下，从使用手铲和探铲开始学习，一直到熟悉考古工作的全流程。田野实习结束之后，也有学生会利用假期参加田野考古项目，算是额外的锻炼，同时也能够给自己挣一些生活费，这时候他们可能已经成为熟练的技术人员了。

知识拓展

考古实习

大学里的考古老师有很深厚的理论基础，能够开展考古研究工作，但田野操作技术不是他们的特长。所以，学生实习一定要有经验丰富的考古技术人员辅助指导。

实习是学生成长为考古领队的第一步。很多实习生后来就到考古机构参加工作，与曾经指导自己的领队和技术人员成为同事。

后勤保障人员是考古项目的幕后功臣。考古队需要的后勤保障包括交通、伙食、安全等，每个考古项目的背后，都有后勤保障人员的无私奉献。后勤保障人员一般是考古机构的非专业人员（行政人员），或者在考古项目当地临时聘请的人员，有厨师、司机、保安等各种岗位。这些岗位虽然不直接参与考古发掘，也很少直接接触到文物，但是对于一个考古项目的顺利进行不可或缺。

　　一个技术熟练、敬业稳重的司机，能够保障考古队员的安全；一个手艺精巧的厨师，能够让大家在辛苦的田野工作之后迅速补充能量；一个负责任的保安，能够确保工地现场和驻地的安全无忧。他们很少出现在汇报席或者领奖台上，但是每个考古项目的成功都有他们的汗水和付出。

　　当地聘请的工人，也为考古项目的完成作出重要贡献。埋藏在地下的古代遗存，浅则数十厘米，深可达数米；一个考古项目的发掘面积，小者几十平方米，大者数千平方米，因此有大量的除土、运土工

知识拓展

参与考古的工人

　　据记载，1935年开展的殷墟第12次发掘，每日参与发掘的工人有500多，最多时达到590余人，可能是全球考古界至今未被打破的纪录。

　　很多地方的民众把到考古队参加工作看作一种聚会活动。平时当地邻居乡亲很少有机会几十人聚起来，借着这种工作机会，大家能够聚在一起，工资虽然不高，但是劳动强度不大，大家还能一起说话，也很开心。

知识拓展

招募志愿者

鲁山县望城岗冶铁遗址发掘中，不仅公开招募志愿者，还实施了考古工地固定开放活动。一些参加发掘工作的当地群众主动担任讲解员，用当地人熟悉的语言介绍考古和文化遗产工作的重要性，取得了很好的效果。

作。仅靠考古队的几名技术人员，是很难完成这些工作的，因此一般都要在项目当地聘请一些工人。工人的数量根据项目规模来定，从数人到数百人不等。由于考古发掘的节奏比较缓慢，不像工程建设挖土那样，除土的工作强度相对比较小，参加工作的当地工人也都是以妇女和老人为主。必要的时候，比如搬运重物、短时间大工作量的除土等，就需要找青壮年工人。

近些年来，随着各种公众考古活动的开展，已经有多个考古机构公开招募志愿者参加考古发掘工作。比如四川的江口沉银遗址、河南的鲁山望城岗冶铁遗址等，都有过这种尝试。对考古有兴趣的公众，只要符合基本条件，都可以报名，通过考察即可以直接参与考古，用自己的双手去发现文物。

除了上面这些常驻考古现场的角色之外，考古队伍中还有一支不可忽略的后援力量，那就是科技考古和文物保护人员。这些专业人员也是考古机构的正式成员，大部分没有考古专业背景，而是来自物理、化学、生物、材料等不同专业的人员。他们也不长期参与发掘，主要是在关键时刻提供援助，比如科技考古样品检测、特殊文物保护提取等。一般情况下，考古机构中科技考古和文保专业人员数量相对较少，因此他们不可能长期驻守在某一个考古项目现场①，只能根据需要随时调动。在田野考古暂时没有支援需求的时候，他们就在各自的实验室开展分析研究工作。

考古队的这些角色和分工并不是一成不变的。实习生会成长为执行领队，执行领队会成长为领队。技术人员、志愿者等，通过继续学习深造也可能成为考古研究的专家、考古队的负责人。而考古项目当地的一些年轻人，也会因为受影响而加入考古队伍，成为技术人员甚至专业研究人员。考古队伍里的分工虽然不同，但是大家都为保护文化遗产作出了自己的贡献，无论是持证的考古领队，还是默默无闻的技术人员，或者只在考古工地短时间工作的当地人，都值得我们尊重。

---

① 有些特殊项目，比如三星堆、海昏侯墓等，科技考古和文物保护人员是全程参与的。

持证考古队员的成长之路

从一名考古爱好者成长为一名持证考古队员，自己独立负责一个考古项目，成为真正的考古学家，这是很多考古爱好者的理想。那么，下面就介绍一下持证考古队员的成长之路。

国家文物局发布的个人考古发掘领队资格申请条件包括：本科以上学历及中级以上文物博物专业技术职务，发表1~2篇田野发掘简报和代表性学术论文。这些是基本条件。

因此，成长之路的第一步就是要完成大学学业，获得本科学位。然后到文物博物专业机构（比如考古院所、博物馆等）参加工作。工作期间需要参加田野考古项目，并且发表专业的简报和学术论文，获得中级职称。这时候就可以开始申请个人考古发掘领队资质。各省文物局会先组织一轮专家考核，通过之后报国家文物局再组织一轮考核，通过层层考核之后，就可以获得个人考古发掘领队资质。2015年以前，个人领队都会发证书，俗称"小红本"。后来的领队就不再发证书，而是在国家文物局的系统里登记备案，给一个账号，可以申报项目。

知识拓展

简报、学术论文和职称等级

简报是指对考古发掘资料信息的公布，学术论文就是研究文章，对一个或者几个专业问题发表自己的见解。这里说的发表，是指要经过专家审核，刊登在专业的期刊上。

职称等级一般分为初级、中级、副高级、高级。各行业职称的名称不同，比如大学叫助教、讲师、副教授、教授，文博行业叫助理馆员、馆员、副研究馆员、研究馆员。

目前全国开设考古本科专业的大学共计40多所，还有一些大学开设文物和博物馆专业，也教考古的课程、参加田野考古实习。本科期间需要系统学习考古学理论、方法和技术，掌握中国古代文明发展各阶段的考古特征，掌握考古简报和学术论文的基本写作规范。当然，很关键的一环就是参加田野实习。

也有很多人本科学习的并不是考古专业，但是也参加了考古工作多年，获得了职称、发表了论文、积累了丰富的经验，他们也可以申请田野考古个人领队资格。不过，按照要求，非考古专业毕业的人员，需要参加国家文物局认可的田野考古培训班（这些培训班一般由大学组织），进行为期半

知识拓展

田野考古培训班

参加田野考古培训班的学员来自全国各地，年龄差别很大。有的人是刚取得中级职称的年轻人，有的人是已经工作数十年的老专家。大家一起在田野里培训半年，从田野考古基础知识学起，算是补齐本科阶段的田野考古操作系统教育。

年的培训并取得合格证书，然后才能申请个人领队资格。

按照一般的上学年龄和职称评审要求来计算，大学考古专业本科毕业之后4年就可以申请中级职称，通过之后就能够申请个人考古领队资格。特别优秀的青年考古人员，在30岁之前就能够成长为持证考古队员，成为独当一面的考古学家。

前面提到的科技考古和文物保护专业人员，也是现代意义上的考古工作人员，但是他们一般不参加田野考古培训，也不需要申请田野考古发掘个人资质。虽然不持证，也能成为著名考古学家。

考古技术人员的培养

考古队伍里的专业技术人员是核心力量。这些技术人员一般不属于考古机构的正式编制人员，有的没有经过大学学习，或者大学里学习的不是考古专业。他们可能本来不熟悉考古或者历史，但是因为各种原因而加入考古队伍里，通过跟领队或者其他专业人员长期工作掌握了田野考古需要的各项技能，逐渐成长为田野考古技术能手，在发掘、摄影、测量、绘图、修复等方面各自都有绝活。

在前些年，考古队到一个地方开展工作时，领队都会留意当地那些有一定知识水平、比较聪明，但暂时没有找到工作的年轻人，把他们吸引到队伍里进行培养，成为得力助手。现在考古机构一般通过公开招聘的方式吸引年轻人加入队伍。

考古技术人员队伍里可谓是藏龙卧虎，尤其是那些在田野奋战几十年的老同志。他们长年在野外工作，经历过不同的项目，亲手发掘过不同时期的遗址和墓葬，积累了非常丰富的经验，也各自有绝活，都是考古队伍里的技术骨干。

例如，河南省文物考古研究院新郑工作站有几位女性技术人员，在很年轻的时候就跟着考古队发掘和清理东周时期的车马坑，掌握了独到的技术。车马坑清理在考古工作中属于高难度操作：一是堆成几层的马骨和马车，密密麻麻，无法转身甚至无处下脚；二是木制马车都已经腐朽，只剩下土壤里的痕迹，必须在土壤里找出痕迹并保留下来，清理掉周围的土，使马车的形状和结构完全暴露。骨骼很脆弱，土也很脆弱，稍不注意就破坏了文物。没有丰富经验的技术人员根本无从下手。这几位技术人员因为独到的经验和技术享誉业内，经常被邀请到外地指导车马坑清理工作，也是这方面的技术专家。

我们的考古队曾经有一位年长的技术人员，因为高考失利未能进入大学。后来他的高中同学从考古专业毕业后到考古机构参加工作，带队去野外发掘，于是他就参加了考古队，跟着同学学习田野考古。经过多年锻炼和积累之后，他不仅在田野发掘方面技术超群，还能够独立撰写考古发掘简报，已经达到了考古领队的水平。

知识拓展

辨色能力

考古队员，无论是领队还是技术人员，对性别和年龄都没有特殊限制，但是有一点，必须具有良好的辨色能力，也就是不能有色弱或者色盲的情况。因为辨识土质、土色是田野考古的基本功，眼睛的色觉有问题，就完全没有办法胜任这项工作。

考古技术人员虽然没有进入考古机构的编制，但是属于考古队伍的关键组成部分。很多考古领队的成长之路上，都有资深技术人员的指导，大家也都在田野中培养了深厚的感情。随着考古这项工作越来越受到关注，技术人员这个一直默默无闻的群体也开始被关注。2022年，河南省文物考古研究院建院七十周年之际，专门为优秀技术人员颁发了"考古发掘与文物保护突出贡献奖",以表彰他们对考古和文物保护工作作出的贡献。

现在,越来越多的考古机构开始注重技术人员队伍的建设。通过公开招聘、集中培训来补充年轻、有一定知识水平的新生力量,通过各种途径来提高他们的待遇,把技术人员当作考古队伍的正式成员。

何谓十大考古发现

最近这些年，各类媒体对于考古新闻的报道越来越频繁，其中关注度最高的莫过于每年的"全国十大考古新发现"评选活动。这项被称为"考古界奥斯卡"的奖项究竟是什么来头，为什么如此受关注？

全国十大考古新发现，是中国国家文物局委托中国文物报社和中国考古学会举办的一个年度性评选活动。每年初，从上一年度全国范围内的考古新发现中，选取最具有代表性的十个项目。评选的基本标准是，具有国家文物局批准的发掘许可，符合田野考古工作规程，成果具有历史、艺术、科学价值，并且为中国考古学科提供新信息及新认识。当然，每年参评的几十个项目都符合这些基本要求，需要通过初评和终评两轮严格筛选，最终入围年度十大考古新发现，是一项非常激烈的竞争。因此每年都备受关注，选出的项目都代表了当年考古工作的最高水平。

这项活动开始于 1990 年，至今已经进行 34 年，共计评选出 340 项重要发现。截至 2024 年，河南省已经有 55 项考古成果入选，陕西已有 30 项考古成果入选。从这个数量上就能看出这两个文物考古大省名不虚传。

除了年度"全国十大考古新发现"之外，还有一个年度"六大考古新发现"，这是中国社会科学院考古研究所评选的，也被视为考古学界一个很高的奖项。每年两者的名单会有一定重复，但并不完全一样。

一些文物大省，比如河南、陕西、湖北等，也有自己本省的年度考古新发现。不过选评的数量并不一样：有的选 10 项，有的选 6 项，有的选 5 项。

另外，从 2006 年开始，美国的考古杂志《考古学》（*Archaeology*）每年的年底还评选当年的"世界十大考古新发现"。中国的海昏侯墓、汉文帝霸陵考古发现等项目，都曾入选。

知识拓展

考古新发现的评选

中国的考古新发现评选方式是参评制：评选机构发布通知，考古机构申报，然后由项目负责人进行汇报和答辩，专家委员会最终打分评选。

世界十大考古新发现的评选则完全不同，不需要报名参评，而是评选机构自己根据全世界范围内考古发现的相关信息进行评估，选出十个项目，然后通知相关项目负责人。

经常有人问，作为"考古界奥斯卡"的全国十大考古新发现，是不是每个考古人毕生追求的目标？并不是。在 1990 年开始评选之前，中国考古已经有几十年的发展历程，取得了许多教科书级别的重要发现，虽然没有获得十大考古新发现的荣誉，但是并不影响它们的价值。该奖项开始评选之后，每年全国有近千个考古项目，只有十个有机会入选，这并不代表其他考古项目没有价值或者不重要。每个考古项目都具有它的特殊价值，每个考古人的贡献都是值得肯定的。

如同体育竞赛一样，能够站在领奖台上的运动员毕竟只是少数，但是每个运动员的汗水和努力都值得被铭记。

第九章

考古学家的田野和远方

在这本书里，我们讲了很多关于考古的事，包括考古的规则、考古的趣事、考古队员的成长等。最后想跟大家谈谈考古学家的理想，我想用这个作为书的结尾章，会显得比较浪漫。

　　现在经常用"诗和远方"来形容理想和追求。考古学家的诗不是写在纸上，而是写在田野里。所以我们用"田野和远方"来形容自己的理想。

考古学家的两种田野

考古学家把去外面开展考古调查和发掘叫作"下田野",国家文物局发布的考古操作规程也叫《田野考古工作规程》。这里的"田野",并不是指字面意义上的乡村野外,而是考古工作现场。为了让大家对考古工作有一个更加全面的了解,我把考古学家的工作现场也就是田野分为两类:室外和室内。

室外的田野,就是传统意义上的古墓葬和古遗址发掘现场。这个现场,可能在遥远的深山、偏僻的河谷,可能在水库中间的孤岛、草原沙漠的深处,也可能在城市里。有古遗址和古墓葬需要发掘的地方,就是考古学家要去的地方。

室内的田野,则是开展修复、保护和研究的实验室或者研究室,也是考古工作的重要场所,但往往是被公众所忽略的。开展保护修复或者分析研究,需要特定的实验条件和大量仪器设备,因此必须有合格的实验室。现在有些特殊遗迹不方便在野外清理,会整体搬运到实验室内开展"室内考古"或者"实验室考古"。"实验室考古"的操作规程跟野外一样,唯一不同的是工作条件更加便利,不受天气条件影响,工作也更加从容,可以做得更加细致。舞阳贾湖遗址的一些随

三星堆考古方舱

葬有非常细小绿松石碎片的墓葬，就是搬到了实验室中进行发掘，是"实验室考古"的典型案例之一。

在条件具备的情况下，室外考古现场附近会搭建专业实验室，在考古发掘的同时，开展修复保护和分析研究工作。近些年关注度很高的三星堆祭祀坑考古发掘，则直接在发掘现场上面搭建方舱，把室外变成了室内。

室外的工作条件，自然会比较艰苦。关于艰苦的考古工作环境，曾经参加过三峡库区考古工作、南水北调库区考古工作、沙漠地区考古工作的考古学家们，每个人都能说上三天三夜不带重复。理想情况下，现场附近有合适的民房可以租住，实在不行就只能自己搭建帐篷或者活动板房。在水库淹没区或者草原沙漠等特殊环境下，日常的用水、用电都是问题。而在某些考古项目的现场，甚至连手机信号都没有，这可能是大家最难以忍受的情况。

野外考古，除了考古队员要经受风吹雨打日晒的考验之外，文物安全也会面临各种突发天气情况的考验。尤其是夏季随时会到来的暴雨、洪水，不仅会浸泡发掘过程中的遗迹，影响发掘进度，还可能会直接对文物造成破坏。这些都是有过惨痛教训的。为了避免这些情况，现在对于重要的考古现场都会采取相应的保护措施，最常见的就是在发掘区上面搭建临时保护棚。发掘完毕之后，重要遗址的临时保护棚会被升级改造成为博物馆。

随着国家对考古工作支持力度的加大，野外考古工作的条件得到了显著改善。工地上有了便利的交通和通信，也有空调和热水，能够保证大家在辛苦的工作之余，有舒适的休息环境。

考古学家的远方

评上"全国十大考古新发现"或者"世界十大考古新发现",这不是考古学家的远方。

我们的远方,是希望在新技术的加持下,不通过破坏性勘探或者发掘,就能够清晰掌握地下文物的埋藏情况,并且为它们建立起灵敏有效的安全监测系统,一旦安全出现问题,立即发出警报,并且有考古学家或者警察赶赴现场。

我们的远方,是希望用更先进的技术来研究和保护古代文物。采用 3D 扫描每一块破碎的陶片,建立起它们的形态、材质等数据库,用 AI 来实现自动拼对和分析;用 3D 打印技术来修复破碎的青铜器和陶器;用虚拟现实技术来带领大家进入考古复原的古代世界,与古人对话;用大数据技术来探索古代文明的衰落原因,为今天社会的发展提供借鉴……

我们的远方,是希望"保护为主"的文物工作理念能够得到真正贯彻和落实,尽最大努力不去扰动地下的文化遗存,或者说在新技术的加持下,能够实现基础设施建设与文物保护的和谐共处。让我们能够在道路和房屋下面清晰地看到历史的遗存,而不是用厚厚的水泥钢筋把它们替代；能够在水库中、河道底下建成博物馆，保护那些水下文物，而不是让它们在水底沉默朽坏。我们也希望建起更多的博物馆，让那些久久沉睡于库房中的文物都能够与大家见面，为大家讲述历史的过往，让大家一起思考我们的现在和未来。

我们的远方，是希望考古工作的发掘任务不再像现在这么繁重，尤其是工期不要催得太紧，每一位考古学家都能够静下心来，享受考古发掘的过程，让每一次的考古发掘都成为真正的学术之旅而不是抢救之旅。同时，能够有充裕的时间让爱好历史考古的公众亲自参与发掘历史，感受从现代穿越到几千上万年前的时空旅行。

我们的远方，是希望近百年来发掘出来的遗迹和遗物，能够保护传承到下一个百年和千年。

尾声

中国考古学家走向世界

　　一百多年前,瑞典学者安特生在仰韶的发掘,揭开了中国现代考古学的帷幕。多位从欧美留学归国的学者,不仅开启了中国考古的百年征程,也培养出了一代代中国自己的考古学家,为中国考古学的发展奠定了坚实的基础。

　　一百多年来,中国建立了自己的考古学人才培养体系。到目前为止,中国有40多所大学开设有考古本科专业,近百所大学能够培养考古专业硕士研究生。最为重要的是,中国考古学家也开始走出国门,走向世界。

　　根据最新数据,我国目前有26家考古机构、高校与国外43家机构建立合作关系,开展中外联合考古项目35项,涉及亚洲、非洲、美洲、欧洲的25个国家和地区。

肯尼亚的吉门基石古人类遗址、沙特阿拉伯的塞林港、埃及的孟图神庙、洪都拉斯的科潘玛雅遗址、乌兹别克斯坦的明铁佩古城、蒙古大漠深处的匈奴墓葬……中国考古学家的身影已经遍及全世界，在国际考古舞台上展现中国考古人的风采。

2019年，河南省考古专家与蒙古国学者在蒙古国后杭爱省高勒毛都2号墓地开展的联合考古项目，入选当年的"世界十大考古发现"。这是中国的国际考古项目首次入选，表明中国考古学者的成果获得全世界关注和认可。

回望中国考古百年征程，一代代考古学家用手铲揭示了中华大地上的百万年人类史、一万年文化史和五千多年的文明史，用一项项精彩的考古发现为我们谱写了一部别样的历史，为中华文明的传承和发展提供了无尽的精神力量。

回望百年来时路，击水中流正当时。但愿这本书能够在年轻的读者心中播下一颗希望的种子，将来长成参天大树，为中国的考古和文化遗产事业作出新的贡献。